国际儒学联合会资助出版

典亮世界丛书

《道法自然　天人合一》，彭富春　编著

《天下为公　大同世界》，干春松、宫志翀　编著

《自强不息　厚德载物》，温海明　主编

《民惟邦本　本固邦宁》，颜炳罡　编著

《为政以德　政者正也》，姚新中、秦彤阳　编著

《革故鼎新　与时俱进》，田辰山、赵延风　编著

《脚踏实地　实事求是》，杜保瑞　编著

《经世致用　知行合一》，康　震　主编

《集思广益　博施众利》，章伟文　编著

《仁者爱人　以德立人》，李存山　编著

《以诚待人　讲信修睦》，欧阳祯人　编著

《清廉从政　勤勉奉公》，罗安宪　编著

《俭约自守　力戒奢华》，秦彦士　编著

《求同存异　和而不同》，丁四新　等　编著

《安不忘危　居安思危》，吴根友、刘思源　编著

國際儒學聯合會·典亮世界丛书

民惟邦本
本固邦宁

颜炳罡　编著

人民出版社

出版说明

　　2014 年 9 月 24 日，习近平主席在纪念孔子诞辰 2565 周年国际学术研讨会暨国际儒学联合会第五届会员大会开幕会上的讲话中，提出了包括儒家思想在内的中国优秀传统文化中蕴藏着解决当代人类面临的难题的重要启示："关于道法自然、天人合一的思想，关于天下为公、大同世界的思想，关于自强不息、厚德载物的思想，关于以民为本、安民富民乐民的思想，关于为政以德、政者正也的思想，关于苟日新日日新又日新、革故鼎新、与时俱进的思想，关于脚踏实地、实事求是的思想，关于经世致用、知行合一、躬行实践的思想，关于集思广益、博施众利、群策群力的思想，关于仁者爱人、以德立人的思想，关于以诚待人、讲信修睦的思想，关于清廉从政、勤勉奉公的思想，关于俭约自守、力戒奢华的思想，关于中和、泰和、求同存异、和而不同、和谐相处的思想，关于安不忘危、存不忘亡、治不忘乱、居安思危的思想，等等。"习近平主席的重要讲话高屋建瓴，视野宏大，思想深邃，深刻阐明了中华优秀传统文化为人们认识和改造世界提供的有益启迪，为治国理政提供的有益启示，为道德建设提供的有益启发，对传承弘扬中华优秀传统文化具有长远的根本的指导意义。

　　为把学习贯彻落实习近平主席这一重要讲话精神进一步引向

民惟邦本　本固邦宁

深入，国际儒学联合会与人民出版社共同策划了"典亮世界丛书"。丛书面向对中华文化感兴趣的海内外读者，以习近平新时代中国特色社会主义思想为指导，结合新时代中国的治国理政实践，由在中华传统文化领域深耕多年的学者担纲编写，从浩如烟海的中华典籍中精选与这十五个重要启示密切相关的典文，对其进行节选、注释、翻译和解析，赋予其新的涵义，以帮助读者更好地理解中华优秀传统文化之于当代中国的价值，为解决当代人类面临的难题提供中国方案，让中国优秀传统文化同世界各国优秀文化一道造福人类！

我们应秉持历史照鉴未来的理念，传承创新包括儒学在内的中华传统文化，把那些跨越时空、超越国度、具有当代价值的文化精神弘扬起来，倡导求同存异，消弭隔阂，增进互信，促进文明和谐共生，弘扬和平、发展、公平、正义、民主、自由的全人类共同价值，为共创后疫情时代美好世界、推动构建人类命运共同体而努力。

国际儒学联合会、人民出版社

2022 年 4 月

目　录

引　言

　　2015 年 10 月 20 日，习近平总书记在英国议会发表讲话指出："在中国，民本和法制思想自古有之，几千年前就有'民惟邦本，本固邦宁'的说法。"这说明民本思想是中华优秀传统文化的重要内容，在 21 世纪的今天依然有着重要价值与意义。"民惟邦本，本固邦宁"出自《尚书·夏书·五子之歌》。《五子之歌》是夏王太康的五个弟弟借助先祖大禹的教诲，为开导不理政事，纵情声色，游猎荒淫，丧失君德的太康写的。其中有"皇祖有训，民可近，不可下，民惟邦本，本固邦宁"的语句。大禹是夏王朝的实际开创者，也是有名的圣王，相传他依照尧、舜的做法，将天子之位禅让给了益，但益的政治威望不足，大禹之子启代替益成为天子。启将天子之位传给儿子太康，中国历史上由传贤不传子的禅让制转变为以血缘为基础的嫡长子继承制度。"皇祖有训"的皇祖指的是大禹，《五子之歌》的五子即大禹的五个孙子，太康的五个兄弟，这里我们对《五子之歌》的真伪之争暂且搁置，但其"民可近，不可下""民惟邦本，本固邦宁"等思想的提出是中国政治思想史上重要事件，它发中国民本思想的滥觞。

一

　　追根溯源，中国民本思想脱胎于传统天命观，从"君权神授"的天命观到"民本"思想出现是中国政治哲学重大转变。"究天人之际"是中国哲学的永恒主题，不过，在不同的时代天人之际有不同的表现形式。在原始先民那里，最原始的天人关系是人神关系。"古者民神不杂"，"在男曰觋，在女曰巫"。"民神异业，敬而不渎"（《国语·楚语下》）。巫觋即最原始的神职人员掌控神意的解释权及与神灵沟通的专权。但"及少昊之衰也，九黎乱德，民神杂糅"，"夫人作享，家为巫史"，"民神同位"，以至于"民渎齐盟"，"神狎民则"，与神沟通不再是少数神职人员的事情，是人人可为、家家可做之事，在神灵面前，神职人员不再尊贵，黎民不再低贱，民神同位。这种局面触动了神职人员对神意的垄断权和专属权，颛顼担任部落联盟长时对这一局面进行改革。颛顼"乃命南正重司天以属神，命火正黎司地以属民。使复旧常，无相侵渎，是谓绝地天通"（《国语·楚语下》）。这是真正意义上中国管理体制的第一次明确分工，即出现了专业的神职人员（南正重）与专业的人间事务的管理人员（火正黎），民神不再同位。由古者"民神不杂"到"民神同位"，再到"绝地天通"，中国先民的宗教信仰经过人与神由分到合再到分的过程。这个过程并没有结束，"三苗复九黎之德，尧复育重、黎之后，不忘旧者，使复典之。以至于夏、商，故重、黎氏世叙天地，而别其分主者也"（《国语·楚语下》）。三苗复辟，重回九黎时代的民神同位，尧再度起用重、黎之后，拨三苗之乱，返回颛顼之正。由此可见，原始先民的宗教权之争可谓激烈，民神之间经几许合而分、分而合的艰难与困苦的挣扎与探索，尧时代再度确定了民神分位的宗教意识。

　　尧是原始信仰意义上由神灵向天命过渡的关键人物。他拨三苗之乱，重回颛顼之正，使宗教权与行政权分开，使人神不杂，在他那里"天"成了最高主宰。无论是九黎，还是颛顼，抑或三苗，神是什么？神在哪里？在万物有灵即泛神论的支配下，神既可以无处不在，也可以说是无处在。尧告诉人们，这个神就是天或神在天上。"尧曰：'咨！尔舜。天之历数在尔躬，允执其中。四海困穷，天禄永终。'舜亦以命禹。"（《论语·尧曰》）"天之历数"大都认为就是天命，"天禄"就是上天赐予的福报。尧是远古时代的五帝之一，当他将天子之位禅让给舜时，以"天之历数""天禄"作为政权合法性的保证，以"允执厥中"作为治政的原则，他是第一个将天作为至上神的人。孔子曾赞扬他："大哉！尧之为君也！巍巍乎，唯天为大，唯尧则之。"（《论语·泰伯》）"唯天为大，唯尧则之"并不是空穴来风，孔子所说应有所本。尧与天联系起来，"乃命羲和，钦若昊天，历象日月星辰，敬授民时"（《尚书·尧典》）。中国古代言天，言天之历数、天禄、天命自尧始。

尧的天命思想是夏、商、周三代天命思想的直接源头。尧对舜说的"天之历数在尔躬"一语成为后世一切政权来源合法性的理论依据，成为"君权神授"的直接凭证。尧之后，"以至于夏、商，故重、黎氏世叙天地，而别其分主者也"。到了夏朝，由尧舜"公天下"转变化为"家天下"，天命成为至上神意志的体现。《墨子·兼爱》引禹讨伐三苗时的誓词《禹誓》有"用天之罚"，以征有苗。再三强调慎用德，"不慎厥德，天命焉葆？"（《墨子·非命下》）夏启征伐有扈氏同样打着天命的旗号，自己是代天而罚。"有扈氏威侮五行，怠弃三正，天用剿绝其命。今予惟恭行天之罚。"（《尚书·夏书·甘誓》）商汤讨伐夏桀，同样认为自己是替天行道，秉持天命，所谓"有夏多罪，天命殛之。……夏氏有罪，予畏上帝，不敢不正"（《尚书·商书·汤誓》）。天命当然不是"多"，而是绝对的"一"，但不是一成不变的"一"，而是可以转移的"一"。商纣王自信拥有天命，当周文王打败黎国之后，商朝的政治家祖伊意识到商朝天命将倾，而商纣王却信心满满地说："呜呼，我生不有命在天？"（《尚书·西伯戡黎》）纣王无道，还自信天命只能在他那里，当然周武王伐纣，商王朝土崩瓦解，纣王的天命也就结束了。

周人从夏、商两代灭亡的教训中，深刻地意识到，天命不是固定不变的，而是可以转移的。"皇天上帝，改厥元子兹大国殷之命"，周王朝不可不以夏王朝的灭亡为鉴，不可不以商王朝的灭亡为鉴，历史教训是他们"惟不敬厥德，早坠其命"。如何长久保有天命？其必曰以德配天，敬德保民，用孟子的话说，叫"保民而王"。

天命转移不是随意的，而是有规律可循的，能否保民是天命转移的重要根据。"天降下民，作之君，作之师。惟曰其助上帝，宠之四方。"（《孟子·梁惠王下》）这是孟子引《尚书》的话，大意是说上天降生了老百姓，又替他们降生了君王，又为他们降生了师表，这些君王和师表的责任就是帮助上帝来爱护百姓的。用今天的话说，无论是精神导师，还是政治领袖，唯一责任、职能就是代替上天来爱护百姓，保民才有资格做"民主"即民众的主人。"天惟时求民主。"（《尚书·多方》）天的使命就是努力寻求合适的人作为人民的主人，夏桀不配做"民主"，上天废掉其天命，天命转移到商，纣王不配做"民主"，周作为旧邦，拥有了新天命，能否保民是天命转移的重要根据。

做"民主"也好，保民也罢，首先应成为民众的楷模，为百姓树立良好的榜样，以德配位。德不配位，天命必倾。其次，给百姓带来实实在在的好处即能惠民，能安民，能利民，使百姓怀念。"怀保小民，惠鲜鳏寡。"（《尚书·无逸》）这样天命才不会转移。夏商两朝的教训在周人那里成了重要的政治财富。

吴光教授说:"在夏商周三代时期,基本上是'天命'论笼罩下的民本思想,属于'天命顺民命'的类型。"① 笔者认为这一论断是可信的。"天聪明自我民聪明;天明畏自我民明威;达于上下,敬哉有土。"(《尚书·皋陶谟》)"天视自我民视,天听自我民听。"(《尚书·泰誓中》)"皇天无亲,惟德是辅。民心无常,惟惠之怀。"(《尚书·蔡仲之命》)皇天、上帝当然是人格神,但皇天、上帝的意志如何体现?人民的耳朵就是上天的耳朵,人们的眼睛就是上天的眼睛,人民的意志就是上天的意志,由此开启"天命顺民意"的民本思想传统。

"以德配天","天佑下民",上者是天,下者为民,达于上下,天与民上下通达。天与民的关系即是人神关系。历史事实一再说明,民本思想与神秘主义是一个矛盾体,存在着此消彼长的关系,宗教神学盛行,民本思想往往会隐而不彰,民本思想的显露会促使神本主义的弱化、淡化乃至消解。在神本主义看来,天是公正的、至善的,那么人们一定会问,为什么人世间有那么多不公、不义的事情发生?既然"天辅有德",为什么无德之人往往会高高在上?而有德之士如比干、伯夷、叔齐等人却非常不幸,人们开始疑天、怨天、恨天、骂天,从而催生了春秋之季由神本转化为民本即以人为中心的人文主义思潮的来临。一些开明的政治家将人道与天道分开,如郑国执政大夫子产明确指出"天道远,人道迩,非所及也"(《左传·昭公十八年》)。让天道与人道拉开距离,从而开"明于天人之分"之先河;随国大夫季梁认为,民优先于神,民是神主,作为执政者应当将民众的问题摆在优先位置。"夫民,神之主也。是以圣王先成民而后致力于神。"(《左传·僖公十九年》)曹刿认为,先成民是制胜之道的根本,故先施小恩于左右大臣或祭祀时对神灵

---

① 吴光:《民惟邦本 本固邦宁》,《光明日报》2016年3月3日。

讲信用都不能成为决定战争胜负的关键，只有"小大之狱，虽不能察，必以情"，才"可以一战"（《左传·庄公十年》），才是战胜敌人的决定性因素。曹刿论战是先成于民后致力于神的典型案例。虢国大夫史嚚将民与神对立起来，认为是听从于民，还是听从于神关系到国家的兴衰存亡。他说："国将兴，听于民；将亡，听于神。神，聪明正直而壹者也，依人而行。"（《左传·庄公三十二年》）神是聪明的、正直的，而且是专一的，一定会依人而行，而不是人依神而行。显然，神依民行，民决定神，而非神决定民，以人为中心的人文思想思潮已经呼之欲出了。春秋末期，孔子出场了，"敬鬼神而远之"，"未能事人，焉能事鬼"，真正将关注的中心由神转向人，由神本转向人本，开启了以人为中心思考国家治理的历程。

在春秋时期，思想家、政治家重新定义天人关系，什么是天？天在哪里？谁代表着天？

齐桓公问管仲，曰："王者何贵？"曰："贵天。"桓公仰而视天。管仲曰："所谓天者，非谓苍苍莽莽之天也。君人者，以百姓为天。百姓与之则安，辅之则强，非之则危，背之则亡。"（《说苑·建本》）

这段话究竟是否为管仲所亲言，已无从考证，但联系管仲整体思想倾向，也绝非空穴来风，一定有所据。在管仲那里，天不再是仰视苍苍之天，也不是作为人格神意义上的天，而是百姓。百姓就是国君的天，是执政者的天。以百姓为天，不再是天命顺从民命，而是民命即天命。对于国君而言，天由抬头仰望转而为俯首向前看，执政者望天的眼光由上而下的转变绝非仅仅是位置的变化，更是价值观的转变；是由超自然的存在转向现实的存在。

百姓为什么是国君的天，孟子对此有自己的解释。他说："民为贵，社稷次之，君为轻。是故得乎丘民而为天子，得乎天子为诸侯，得乎诸侯为大夫。"（《孟子·尽心下》）这是中国历史上著名的"民贵君轻"理论。这里民是复数，不是个数，是集合概念，不是单称概念，在整个社会爵位等差系统中，天子贵于诸侯，诸侯贵于大夫，民贵于君，民何以贵于君或者说贵于天子？孟子的解释是"得乎天子而为诸侯，得乎诸侯而为大夫"，诸侯之贵源于天子，大夫之贵源于诸侯，天子是人间至尊至贵的权力存在，而其权力源于哪里？"得乎丘民而为天子"，故"民为贵"。

作为执政者，一定要明白：执政者永远不可能离开人民，而人民随时可以更换执政者，君与民的关系是鱼与水、舟与水的关系。君是鱼，人民是水，君是舟，人民是水，水中无鱼不妨水之为水，但鱼离开水则鱼将不鱼，同样水上无舟水仍然为水，舟下无水则舟为无用之舟。《管子》有言："蛟龙，水虫之神者也，乘于水，则神立，失于水，则神废。人主，天下之有威者也，得民则威立，失民则威废。蛟龙待得水而后立其神，人主待得民而后成其威。"（《管子·形势解》）。《荀子·王制》引传语说："君者，舟也；庶人者，水也。水则载舟，水则覆舟。"水可载舟，亦可覆舟，人民可以供执政者所驱使，人民也可以起而推翻一切不能保民的统治者。

"以民为本"四字连用可以追溯到春秋末期的齐国贤相晏婴①，而西汉政论家贾谊的"民无不为本"将中国传统民本思想发展到全新阶段，或者将民本思想推向了无以复加的地步。他指出：

> 闻之于政也，民无不为本也。国以为本，君以为本，吏以为本。故国以民为安危，君以民为威侮，吏以民为贵贱，此之谓民无不为本也。
>
> 闻之于政也，民无不为命也。国以为命，君以为命，吏以为命。故国以民为存亡，君以民为盲明，吏以民为贤

---

① 《晏子春秋》有晏子对曰："婴闻之，卑而不失尊，曲而不失正者，以民为本也。"这是"以民为本"四字最早连用。

不肖，此之谓民无不为命也。

闻之于政也，民无不为功也。故国以为功，君以为功，吏以为功。国以民为兴坏，君以民为强弱，吏以民为能不能，此之谓民无不为功也。

闻之于政也，民无不为力也，故国以为力，君以为力，吏以为力。故夫战之胜也，民欲胜也；攻之得也，民欲得也；守之存也，民欲存也。故率民而守，而民不欲存，则莫能以存矣。故率民而攻，民不欲得，则莫能以得矣。故率民而战，民不欲胜，则莫能以胜矣。故其民之为其上也，接敌而喜，进而不能止，敌人必骇，战由此胜也。（《新书·大政上》）

"民无不为本""民无不为命""民无不为功""民无不为力"，这是中国传统民本思想最早、最系统、最经典的表述，将民在政治生活中的地位彻底显露出来，贾谊作为亲身经历秦汉历史变革的思想家，他充分意识到民众在国家政治生活中的力量。

二

中国民本思想的最大特点是视天、君、民为一个彼此不可分割的、闭合的有机整体，天既代表着天地或者自然界，也是天理、天道、天命即宇宙规律的简称；既可以是至高无上的某种神秘力量、趋向或人格神，又可以是大化流行，生生不息的天地自然；总之，在不同的思想家那里天虽然具有不同的含义。但天作为一切生命与秩序最终来源和根据，作为解释自然、社会、人生现象的终极原因，在中国主体意识即儒家思想家那里是高度一致的。君不仅仅指国君，而是指向由君、臣、吏所组成的国家组织与行政系统，君是这个系统的代表与象征而已。民指民众、百姓。"天生烝民，有物有则。民之秉彝，好是懿德。"（《诗经·大雅·烝民》）"天降下民，作之君，作之师，惟曰其助上帝，宠之四方。"①（《孟子·梁惠王下》）烝民即众民，天生众民，众民需要管理，就有了君；需要教化，就有了师。荀子所谓"天地者，生之本；先祖者，类之本，君师者，治之本"（《荀子·礼论》）。在天人合一的有机整体观念下，天、君、民是一个相互依存的有机整体。

"君民一体"是民本思想的重要特征。《管子》指出："先王善与民为一体。与民为一体，则是以国守国，以民守民也，然则民不便为非矣。"（《管子·君臣上》）"君民一为体"就是国君作为统治者与被统治者即百姓不是对立的，更不是对抗的，而是利益攸关的共同体。英明的国君治国安邦是"以国守国，以民守民"，人民既是被治者，也是国家事务的参与者，"以民守民"就是以民治民。"食者，民之本也；民者，国之本也；国者，君之本也。是故人君者，上因天时，下尽地财，中用人力，是以群生遂长，五谷蕃殖。"（《淮南子·主术训》）食、民、国、君，前者是后者之本，层层递进，逻辑闭合，君作为治者即管理者，应以满足百姓的物质生活需求为自己执政的最大考量。君要"上因天时，下尽地才，中用人力"，使"群生遂长，五谷蕃殖"，调动一切可以利用的手段，充分发挥自然资源的效用，满足百姓的"食"之需，从这个意义上，"君为食之本"也可以说得通。这样"食、民、君、天、食"就构成一个逻辑闭环的有机系统。

养育百姓，让百姓过上好日子，是国君的责任。北宋哲学家李觏说："天生斯民矣，能为民立君，而不能为君养民。立君者，天也；养民者，君也。非天命之私一人，为亿万人也。民之所归，天之所右也；民之所去，天之所左也。天命不易哉！民心可畏哉！是

---

① 此处为《孟子》引书原文，《尚书·泰誓上》为"天佑下民，作之君，作之师，惟其克相上帝，宠绥四方"，略有不同。

故古先哲王皆孳孳焉以安民为务也。"(《安民策》)这里的养,具有多重意蕴,既有荀子的"治"之意,也有"养活"之意。君存在的意义是"为亿万人也",非"私一人"。只有能养活万民,百姓才归附他,如果一味盘剥百姓、压榨百姓,百姓就会背他而去,这是不可更改的"天命"。天、民、君不是孤立的存在,而是相互联结的统一体,天生斯民,民生而立君,立君以养万民,万民去就乃天命的显露,同样是一个相互依存的有机整体。

东晋哲学家葛洪认为,社会、国家如同人身是一个有机整体,一盛未必俱盛,一损绝对俱损。"故一人之身,一国之象也。胸腹之位,犹宫室也。四肢之列,犹郊境也。骨节之分,犹百官也。神犹君也,血犹臣也,气犹民也。故知治身,则能治国也。夫爱其民所以安其国,养其气所以全其身。民散则国亡,气竭即身死,死者不可生也,亡者不可存也。"(《抱朴子·内篇·地真》)人身是一个有机整体,国家如人身一样也是一个有机整体,国君犹如人之精神,血脉犹如一国之臣,百官犹如人一身之骨节,百姓犹如一国之气质,"民散则国亡,气竭则身死",认识到这一点,作为国君一定要爱民,爱百姓,故知治身,则能治国也。"爱其民所以安其国,养其气所以全其身"。

对此,元代政治家陈天祥说得更加透彻,他说:"国家之与百姓,上下如同一身,民乃国之血气,国乃民之肤体。血气充实则肤体康强,血气损伤则肤体羸病。未有耗其血气能使肤体丰荣者。是故民富则国富,民贫则国贫,民安则国安,民困则国困,其理然也。"(《元史·陈天祥传》)国家与百姓是一个整体,上下如同一身,但中国的政治家为什么强调民本呢?陈天祥认为,"民乃国之血气,国乃民之肤体",血气状况决定着肤体,而不是肤体决定血气。百姓的生活状况决定着国家的状况,而不是相反。而这个有机系统中,民是根本,是决定者。

思想家、政论家对于君与民、民与国的关系可以客观对待，冷静分析，而作为国君如何看待和处理这一关系，牵涉到一国之兴衰荣辱和自身命运，就不可能冷眼旁观，置身事外。由于国君品质有优劣，境界分高下，当然对这一关系的认识亦多有不同，但作为一代明君，贞观之治的开创者李世民对这一关系的认识就非常深刻。他曾对侍臣说："为君之道，必须先存百姓。若损百姓以奉其身，犹割股以啖腹，腹饱而身毙。"（《贞观政要·论君道第一》）短短数语，非常形象、深刻地说明了君与民、国与民的关系，作为国君，一定要将百姓的利益放在首位，如果不维护百姓利益，损害百姓利益，实际上受伤害的反而是国君自己。"犹割股以啖腹，腹饱而身毙"，这是对君民关系最为形象且精确的表达，已将君民一体的有机整体论说到了骨子里。作为一个封建时代的帝王有如此深刻的认识，我们认为应当给予足够的肯定。贞观之治的出现决不是偶然的，是与唐太宗的胸怀、境界，与他对君民关系的认识分不开的。

三

　　君民有机整体论是中国民本思想的重要特色。如果天人合一是中国传统民本思想哲学根据的话，那么君民有机整体论则是中国传统民本思想的政治根据。民是国之本、是君之本、是吏之本，甚至"民无不为本"，民本思想的具体表现有哪些呢？这里我们作一个简略的陈述。

　　第一，民本思想主张得民心者得天下、失民心者失天下，民意是政权合法性的重要支撑。

　　民本思想不是讲给百姓听的，而是讲给国君听，或者是告诉国君作为掌握天下之重器，身负天下之大任的一国之主应当明白且必须明白百姓才是国家存在的根基，是政权存在的保证。"民之所欲，天必从之。"（《尚书·泰誓》）孟子曾说："桀纣之失天下也，失其民也；失其民者，失其心也。得天下有道：得其民，斯得天下矣；得其民有道：得其心，斯得民矣；得其心有道：所欲与之聚之，所恶勿施尔也。"（《孟子·离娄上》）《管子》有言："政之所兴，在顺民心。政之所废，在逆民心。"（《管子·牧民》）"所谓有天下者，非谓其履势位，受传籍，称尊号也，言运天下之力，而得天下之心。"这里所说的"得天下之心"，即是指得民心。因为有人民才能有国家，国君才有存在的可能性，没有人民，国家将不复存在，国君无处安立。得民心，聚民气，通民情，百姓自然归之，否则人民终将离散，国将不国。国将不国，哪里还有什么国君?! 从这个意义上讲，人民就是国家，国家就是人民。

如何得民心？孟子认为，"得民心有道"，这个道就是"所欲与之聚之，所恶勿施尔也"，这就告诉历史上的一切执政者"得民心"的法宝是顺民意。顺民意用现代话语表达就是"情为民所系"，用《大学》里的话说就是"民之所好好之，民之所恶恶之"。百姓所喜欢的就是执政者所喜欢的，百姓所厌恶的就是执政者所厌恶的，执政者以百姓的情感为情感，除百姓情感之外，没有任何个人的情感。《淮南子·泰族训》指出"养民得其心矣"，不能养活百姓，百姓生活不下去，执政者让百姓无处安身，怎能获得民心呢？在中国哲学体系中，天心以民心显之，天意由民意中见之，这就是王夫之的"即民见天"。

第二，亲民爱民是传统民本思想的重要体现

作为执政者，如果想让国家兴旺，那就要"视民如伤"，如果想让国家灭亡，那就"以民为土芥"（《左传·哀公元年》）。"视民如伤"就是同情百姓，感受百姓痛苦，如此，才能对百姓做到《尚书·康诰》所谓的"如保赤子"。同情百姓，关心百姓，爱护百姓是中国民本思想的重要内容。

孔子继承与发挥了《诗经》《尚书》亲民爱民的传统，指出："道千乘之国，敬事而信，节用而爱人，使民以时。"(《论语·学而》)节用爱人这里的人当然包括百姓。孔子要求"君子学道则爱人"(《论语·阳货》)。在孔子的思想系统里，仁就是爱人。孔子的爱人是广泛、普遍的爱，或者说就是"泛爱众"的爱，即博爱大众，当然包括百姓。荀子继承孔子的爱人思想，指出作为执政者必须爱民、亲民、利民，这样人民才会亲爱自己，才能为国君所用。他说："有社稷者而不能爱民，不能利民，而求民之亲爱己，不可得也。民不亲不爱，而求其为己用，为己死，不可得也。民不为己用，不为己死，而求兵之劲，城之固，不可得也。"(《荀子·君道》)在儒家看来，爱是交互的，不是单向度的，执政者亲爱百姓才能受到百姓的亲爱；利民，民才能利己。亲民爱民是国家强盛的重要前提。

怎样亲民爱民？"民恶忧劳，我佚乐之。民恶贫贱，我富贵之。民恶危坠，我存安之。民恶灭绝，我生育之。"(《管子·牧民》)一句话，想民之所想，欲民之所欲，一切以百姓的利益为出发点，就是亲民爱民。当然，要充分体会民生的艰难，苦民之所苦。东汉哲学家王符说："为国者，必先知民之所苦，祸之所起，然后设之以禁，故奸可塞、国可安矣。"(《潜夫论·述赦》)用元代政治家、散曲家张养浩的话说，就是"民之有讼，如己有讼；民之流亡，如己流亡；民在缧绁，如己在缧绁；民陷水火，如己陷水火。凡民疾苦，皆如己疾苦也，虽欲因仍，可得乎？"(《三事忠告·牧民忠告·听讼第三》)以人溺己溺、人饥己饥的精神，推己及民、设身处地为民众考虑，这是亲民爱民。

不过，这是亲民爱的最高境界吗？回答当然是否定的。亲民爱民的最高为境界是为民舍身。东汉哲学荀悦说："或曰：'爱民如子，仁之至乎？'曰：'未也。'曰：'爱民如身，仁之至乎？'曰：'未也。汤祷桑林，邾迁于绎，景祠于旱，可谓爱民矣。'曰：'何重民而轻身也？'曰：'人主承天命以养民者也，民存则社稷存，民亡则社稷亡，故重民者，所以重社稷而承天命也。'"（《申鉴·杂言上》）在荀悦看来，"爱民如子"，这不是爱民的最高境界。因为父母与子女之间有隔，子女对于父母而言是外在的存在，毕竟不是自己。"爱民如身"，这是将民视为自己身体一部分，与自己是一体同在，是否是爱民的最高境界呢？荀悦回答说，仍然不是。只有"爱民轻身"才是爱民的最高境界。所谓"爱民轻身"就是爱护百姓忘掉自己，为了民众而牺牲自己，这是荀悦心目中亲民爱民的最高境界。这种"爱民轻身"用今天的话说，就是做一个纯粹的国君，一个只有百姓而忘掉自己的国君，一个毫不利己、专门利民的国君，这样的思想，只有中国文化传统里才能产生与出现。

第三，富民教民是中国传统民本思想的重要内容

中国古代思想流派除道家外，没有不关心百姓物质生活的，满足百姓最低生活需求，进而让百姓富足是中国传统民本思想的重要内容。尧将天子之位禅让给舜的时候说："四海困穷，天禄永终"，天下百姓生活得不好，百姓的物质生活都解决不了，上天赐予的福报即天禄也就永远地结束了，"天禄永终"意味着执政的合法性与合理性永远地失去了。

《尚书·大禹谟》云："德惟善政，政在养民。"养民就是要厚民之生，让百姓生活好。孔子明确主张"富而后教"。"子适卫，冉有仆。子曰：'庶矣哉！'冉有曰：'既庶矣，又何加焉？'曰：'富之。'曰：'既富矣，又何加焉？'曰：'教之。'"（《论语·子路》）让百姓富足是孔子的基本追求，但不是最终目的，人民"富而好礼"才是孔子的理想，如何"富而好礼"呢？孔子的回答就是"教之"。

如何让百姓富起来？荀子开出的方子就是"节用裕民"。他说："节用以礼，裕民以政。彼裕民，故多余。裕民则民富，民富则田肥以易，田肥以易则出实百倍。"如果依照他方法去做，"余若丘山"，甚至"无所臧之"。（《荀子·富国》）

中国儒家传统文化一向认为，道德教化应当建立在百姓的基本生活需求有保障的前提下。"是故明君制民之产，必使仰足以事父母，俯足以畜妻子，乐岁终身饱，凶年免于死亡；然后驱而之善，故民之从之也轻。"（《孟子·梁惠王上》）王符说："夫为国者以富民为本，以正学为基。民富乃可教，学正乃得义，民贫则背善，学淫则诈伪。入学则不乱，得义则忠孝。故明君之法，务此二者，以为成太平之基，致休征之祥。"（《潜夫论·务本》）孟子的"制民之产"的意思说百姓有了基本的生活保障，"驱而之善"，"故民之从之也轻"。王符思想是对孔子富而后教理论的进一步拓展，"富民"与"正学"是国家的两大根基，所谓"富民为本""正学为基"，两大根基是相互联系的。"民贫则背善""民富乃可教，学正乃得义"。明代开国之君朱元璋对此有深切的认识，他说："今天下初定，所急者衣食，所重者教化。衣食给而民生遂，教化行而习俗美。足衣食者在于劝农桑，明教化者在于兴学校。学校兴，则君子务德；农桑举，则小人务本。如是为治，则不劳而政举矣。"（《明太祖宝训》卷一）中国传统民本思想不是空洞的、不切实际的口号，而是实实在在的具体执行方案即在治国理政的过程中可以切实执行的行动方案。一手抓物质生活，一手抓道德教化，物质上让百姓富足，精神上让百姓提升。用今天的话说，就是一手抓物质生活的提升与满足，一手抓精神文明建设，让人人有修养，家家好风尚。

第四，安民利民是中国传统民本思想的最终追求

中国人最大的追求就是平安，而平安之中安才是真义。对执政者而言，安民既是政治的出发点，也是其政治的追求，因为民安才能国安，才能天下安。《尚书·皋陶谟》记载：皋陶对大禹说，国君主要素质"在知人，在安民"。大禹说："知人则智，能官人；能安民则惠，黎民怀之。"《大禹谟》是大禹时代的作品，还是后人的追述，这里不去讨论，但有一点是肯定的，安民是中国古老的政治

智慧，也是中国传统民本思想的重要体现。

孔子时代，"安"作为政治术语频繁出现在《论语》中，如"老者安之"（《论语·里仁》）、"女安，则为之"（《论语·阳货》）。其中最富有民本色彩的是孔子提出的"修己以安百姓"。"子路问君子，子曰：'修己以敬。'曰：'如斯而已乎？'曰：'修己以安人。'曰：'如斯而已乎？'曰：'修己以安百姓。修己以安百姓，尧、舜其犹病诸！'"（《论语·宪问》）"修己以安百姓"是儒家内圣外王之道的原始表达。"修己"是内圣，"安百姓"是外王，修己是前提，又是目的，安百姓是目的，又是前提，修己与安百姓是互为前提，又互为目的。修己作为前提，它以安百姓为目的，或者说人生的意义尤其是作为执政者意义就是为了安百姓、平天下；反过来，安百姓作为实践过程本身就是修己过程，或者说吾人只能在安百姓的实践中实现自己、成就自己、完善自己，即修己，安百姓又是前提，修己是目的。修己与安百姓，内圣与外王，本末一贯，浑然一体，同生共长。子贡曾经问孔子："如有博施于民而能济众，何如？可谓仁乎？"子曰："何事于仁？必也圣乎！尧舜其犹病诸。"（《论语·雍也》）"博施于民而能济众"就是"安百姓"或者说是"安百姓"的方式，孔子与大禹一样，都认为在安百姓问题上尧舜也未必做得完善。

安民是中国政治传统与资源，为历代思想家、政治家所继承并发展。《淮南子》认为"为治之本，务在安民；安民之本，在于足用"（《淮南子·言诠训》）。明代政治家张居正同样认为："致理之要，惟在于安民，安民之道，在察其疾苦而已。"（《请蠲积逋以安民生疏》）安民固然重要，但如何安民？中国历代贤明的政治家大都主张安民最好的方式就是利民。利民要求执政者不与民争利，因为作为执政者追求的是道义，作为掌握权力的政治人物重要的是以义制利，"以义为利"，"不以利为利"，社会公平正义是执政者最大的利。

"治国有常，而利民为本"（《淮南子·氾论训》），如果说"民无不为本"的民本思想是从政道上说的，而"利民为本"则是从治道上讲的。治国理政的根本原则就是利民，一切政策、措施、办法、法令、主张都以百姓的利益为出发点，以利民为追求。王夫之说："国之利不宜计也，而必计利民。利民者，非一切之法所可据为典要，唯其时而已。"（《读通鉴论·德宗》）在王夫之看来，当民利与国利发生冲突时，执政者不应该计较国家的利益，而一定要争取民众之利。春秋时期的邾文公认为，利于民就是利于君，君存在的意义就是为了利民。为了有利于民，即使有害于君也要努力去做。

为了"安民""利民"，作为执政者一定要身先士卒，勤于政事，所谓先之劳之，永不怠倦。张养浩有言："古之为政者，身任其劳，而贻百姓以安。今之为政者，身享其安，而贻百姓以劳。己劳则民逸，己逸则民劳，此必然之理也。惮一己之劳，而使阖境之民不靖，仁人君子其忍尔乎？昔子路问政，而圣人告以'先之劳之，无倦'。呜呼！此真万世为政之格言也欤！"（《三事忠告·牧民忠告·宣化第五》）为官听政，必以一己之劳，求万民之安，而不能"身享其安，而贻百姓以劳"，勤政以求万民之安，就是以民为本，不惜损一己之身，求万民之利，就是以利民为本。袁守定亦言："人官一方，则受一方之寄，必为民出力，自强不已，而后不为民病。"（《图民录·勤》）"为民出力，自强不息"，居官如此，勤政如此，安民如此，可谓至矣！

中国有着悠久的民本思想传统，形成丰富而深厚的民本文化资源，这些弥足珍贵的文化遗产至今依然熠熠生辉。其一，人民即天下，人民即国家。石介说："人皆曰'天下国家'，孰为天下？孰为国家？民而已。有民则有天下，有国家；无民则天下空虚矣，国家名号矣。"(《徂徕石先生文集·根本》)这可以说是习近平总书记所说的"江山就是人民,人民就是江山"的直接源头。其二,天下乃天下人之天下,天下事天下人共之。南北朝时期的著名文学家颜延之曾言:"天下之务,当与天下共之,岂一人之智所能独了。"(《宋书·颜延之传》)明末清初哲学家黄宗羲在《明夷待访录》一书中更是明确主张"天下为主,君为客","天下之治乱,不在一姓之兴亡,而在万民之忧乐",将民本思想推向新的高度。其三,天下得失在于民心、民意。2013年6月18日,习近平总书记在党的群众路线教育实践活动工作会议上的讲话中指出:"得民心者得天下,失民心者失天下,人民拥护和支持是党执政的最牢固根基。"人心向背关系党的生死存亡。这是传统民本思想的直接运用,也是对传统民本思想的创造性转化与创新性发展。他又说:"'水能载舟,亦能覆舟。'这个道理我们必须牢记,任何时候都不能忘却。老百姓是天,老百姓是地。"(2016年10月21日在纪念红军长征胜利80周年大会上的讲话)其四,民"至贱而不可简","至愚而不可欺",任何人,任何力量都不可以"与民为仇"(《新书·大政上》),作为执政者一定充分意识到,人民是不可战胜的。即使是天子,"有道则人推而为主,无道则人弃而不用"(《贞观政要·论政体第二》),所以作为执政者必须惜民、亲民、爱民、惠民、安民、利民,这样才能顺民意,得民心,使社稷长保,江山永固。

当然,中国传统民本思想也有缺点与不足。其一,中国传统的民本思想作为执政理念仅仅是站在统治者立场思考百姓的问题,始终没有站在人民的立场思考人民的真正诉求。其二,传统民本思想充分注意到了人民在国家政治尤其是政权存废中的地位与力量,但人民始终在权力格局之外,思想家们与政治家们往往是在社会大动荡、大调整之后,通过历史事实才真正见证到人民的力量,而在社会相对稳定时期始终将人民置于国家权力运作之外,始终无法发挥民众对权力运作的任何作用。当然，人民中的少数精英通过举孝廉或科举进入政权体系，但一旦进入权力系列，这些人已经不再是民了。其三，徘徊于天命与民意之间，天命或神意与民意之间的张力自商末周初以来一直存在着，虽然不少哲学家在提醒执政者民意即天意，民心即天心，即民见天，但"君权神授"一直与民本思想相伴相随，成为左右民意的一个非常重要的变量。在"屈民以伸君，屈君以伸天"的反民本意识的操纵下，民心与天心、民意与天之间没有直接关联了，天、君、民、天的闭合系统也就成了天而君、君而民的垂直系统。

传统民本思想的缺陷不是民本思想本身的缺陷，而是由中国传统皇权专制政体结构性缺陷造成的，在民主体制下，所谓传统民本的缺陷自然都不复存在。我们认为，"民本"是为政者的价值追求，是执政者的核心理念，民主是国家权力的秩序安排和权力的运作模式，民主本身是中立的、不具备价值意义，而民本则是一种价值观。民本只有融纳民主的运作模式，才能避免将人民置于权力运作之外的尴尬，民主只有建基于民本之上，实现与民本的无缝对接，民主才能由程序正义或形式正义走向实质正义、内容上的正义。

第一篇

民天

民与天的关系就是天与人的关系在政治领域的具体运用，这里的天既是天道、天命，也是天地即自然界或上帝的代称。在『君权神授』或君权来自天命的意义上，可以说只见神而不见民，在民为神主、天命顺民命的意义上，民本意义凸显，神的意义淡化。民天关系究其实质，是在说明君与民的关系，君与民的关系，君作为国家权力的象征，其权力是来源于天，还是来源于民？抛开传统的『君权神授』不谈，在民天问题上，中国传统的民本思想具有许多闪光点，君以民为天，民之所欲，天必从之，民心即天心，民意即天意等，老百姓就是执政者的天，就是执政者的地，就是政权合法性的唯一根据，这些思想放在今天依然熠熠生辉。

天聪明，自我民聪明

天聪明[1]自我民聪明；天明畏[2]自我民明威；达于上下，敬哉有土[3]。

—— 《尚书·皋陶谟》

注释

〔1〕聪：听，指听取意见；明：视，指观察问题。

〔2〕明畏：明，表彰；畏，惩治。

〔3〕有土：拥有土地，指君王。

译文

（皋陶说）"上天的视听依从民众的视听。上天的赏罚依从民众的赏罚。上天意志与下民的意志是相通的，谨慎啊，有国土的君王！"

解析

这段话出自皋陶之口，是他对大禹说的。皋陶，是虞舜时代的大臣，掌管刑法狱讼，主张以德治国。

远古时代，天是至高、至尊、至贵的，是具有意志的人格神，它掌握自然界与人间社会的生杀予夺大权。但天会说话吗？有耳朵和眼睛吗？没有人听到天开口说话，也没有人发现天的眼睛与耳朵。那么天的嘴巴、耳朵、眼睛是哪里？皋陶认为，对于执政者来说，民众的眼睛就是上天的眼睛，民众的耳朵就是上天的耳朵，民众的好恶就是上天的好恶，民众要赏赐的，上天就会赏赐，民众想惩罚的，上天一定会惩罚。这样天成为下民意志的代表，由人格神转化体现民意的工具，中国政治思想开始由神本主义向民本思想转化，从某种意义上，开中国民本思想的先河。

天视自我民视　天听自我民听

予有乱臣〔1〕十人，同心同德。虽有周亲〔2〕，不如仁人。天视自我民视，天听自我民听。百姓有过，在予一人，今朕必往。我武维扬，侵于之疆，取彼凶残。我伐用张，于汤有光。勖〔3〕哉夫子！

——《尚书·泰誓中》

注释

〔1〕乱臣：乱，治也，乱臣即治国理政的能臣。

〔2〕周亲：即至亲。

〔3〕勖：勉也，努力。

译文

我有治国能臣十人，他们同心同德。纣王虽有至亲之人作为大臣，比不上我邦国所用道德高尚的人。上天的看法来自民众的看法，上天的听闻来自民众的听闻。天下百姓有过错，实归于我一人。我一定顺从民意，前往讨伐。我邦武力高扬，攻到商朝的疆土上，捉到残暴的商纣王；我们的讨伐已张，成就比成汤还辉煌！将士们，努力吧！

解析

《泰誓》记述了周武王九年大会诸侯于孟津时，武王告诫友邦诸侯和治事大臣的誓词。

商周之际，天命观念根深蒂固，统治者以此说明自己获得政权的合法性与合理性，商纣王认为自己是天子，是天命所系，不可动摇。周武王讨伐商纣王，同样认为自己握上天之命。商纣王认为自己的天命是神授，周武王讨伐商纣王，认为自己的天命来自民意。商纣王靠至亲，周武王靠仁人。周武王解释天命、天意时，指出"天视自我民视，天听自我民听"。民众的眼睛就是天的眼睛，民众的耳朵就是天的耳朵，纣王无道，失去民心，天命服从民意。

君权以天为根据，天以民为根据，天、君、民三者之间形成了三角循环关系。

民心无常，惟惠之怀

皇天〔1〕无亲，惟德是辅。民心无常，惟惠之怀。为善不同，同归于治；为恶不同，同归于乱。尔其戒哉！

——《尚书·蔡仲之命》

注释

〔1〕皇天：伟大、辉煌的天，指上天。

译文

伟大的上天无亲无疏，只辅助有德的人；民心不是固定不变的，只是怀念仁爱的国君。做善事虽然各不相同，都会达到安治；做恶事虽然各不相同，都会走向动乱。你要警惕呀！

解析

《蔡仲之命》是《尚书·周书》中的一篇。西周初年，蔡叔度因参与三监之乱被流放后，爵位也被剥夺，蔡叔度的儿子蔡仲有德行，于是周公又把蔡仲封在了蔡国，并且写了《蔡仲之命》来告诫他。

周公认识到，上天是公平的，也是公正的，它没有私心，只辅助有德行的国君。德是拥有政治权力的根本，是获得苍天垂青的唯一资具。对于民众而言，民心无常准，民意是变化的，民心变化有规律可循，即怀念仁爱的国君。善有善报，恶有恶报，这是历史经验的总结，屡试不爽。周公告诫蔡仲，一定要小心啊！

决定政权命运的有两大根本：一是皇天，一是百姓，但两者对执政者而言，是利，还是害？取决于执政者自己的表现，取决于执政者的修德。

民之所欲，天必从之

王〔1〕曰："嗟！我友邦冢君越我御事庶士，明听誓。惟天地万物父母，惟人万物之灵。亶〔2〕聪明，作元后〔3〕，元后作民父母。今商王受，弗敬上天，降灾下民……天矜于民，民之所欲，天必从之。尔尚弼予一人，永清四海，时哉弗可失！"

—— 《尚书·泰誓上》

注释

〔1〕王：即周武王姬发。

〔2〕亶：(dǎn)，意为实在，确实是。

〔3〕元后：元，大的意思，这里后指天子，非皇后的后。

译文

武王说："啊！我的友邦大君和我的治事大臣、众士们，请听清楚我的誓言。天地是万物的父母，人是万物中的灵秀。真正聪明睿智的人就做大君，大君做人民的父母。现在商王纣不尊敬上天，天降祸于下民……上天怜悯人民，人民的愿望，上天一定会顺从的。你们辅助我吧！要使四海之内永远清明。时机啊，不可失去呀！"

解析

商朝末年，纣王无道，大举东扩，周武王姬发抓住商朝军队主力东征未还之机，大会诸侯于孟津，对商王朝政权中心发起最后一

民惟邦本　本固邦宁

战，这是周武王在孟津对作战部队战前动员的誓词。

　　天地是万物的父母，人是万物之灵，是周武王的观念，也是其对中国文化的重要贡献。在这里，武王揭示了天、君、民的关系。天是什么？天是爱的化身，天爱谁？人民、百姓、大众，而不是独爱天子。"民之所欲，天必从之"，天听从百姓的召唤，依从人民的意愿，或者说人民的意愿就是天。

　　"民之所欲，天必从之"，在这里天被虚化，民意即天意，民心即天心，人心的向背决定着一个朝代的兴亡。

国将兴，听于民；将亡，听于神

史嚚〔1〕曰："虢〔2〕其亡乎！吾闻之：国将兴，听于民；将亡，听于神。神，聪明正直而壹〔3〕者也，依人而行。虢多凉德，其何土之能得？"

—— 《左传·庄公三十二年》

注释

〔1〕史嚚（yín）：虢国的太史，名嚚，称史嚚。

〔2〕虢（guó）：虢国。

〔3〕壹：一心一意。

译文

史嚚说："虢国恐怕就要灭亡了吧！我听说：国家将要兴起，会听取百姓的意见；它将要灭亡，就去听从神灵的意见。神灵，聪明正直而又专一不二，它会按照人的意见去处理事情。虢国净做些不得民心的事情，又能得到什么土地呢？"

解析

是听从人民的意见，还是听从神灵的指示？这是国家兴亡的重要根据。听从人民的意见，体贴人民的心声，顺从民意而行，国家就会走向昌盛，"不问苍生问鬼神"（李商隐《贾生》），国家就会走向衰亡。

史嚚作为一位开明的政治家，当然他无法摆脱时代的限制，完全摆脱神灵的束缚，但他改造了神灵，让神灵正变得正直而专一。而正直、专一的神灵一定会依照人民的意志去办事，依照民意去处理事情，所以得民心是得土地之本，有人斯有土。

得民心者得天下，失民心者失天下，天下成败不取决于神，而是取决于民，这是中国古老的重民意识的具体体现。

夫民，神之主也

季梁〔1〕止曰："所谓道，忠于民而信于神也。上思利民，忠也；祝史正辞，信也。今民馁而君逞欲，祝史矫举以祭，臣不知其可也。"公曰："吾牲牷肥腯〔2〕，粢盛丰备，何则不信？"对曰："夫民，神之主也。是以圣王先成民，而后致力于神。"

——《左传·桓公六年》

注释

〔1〕季梁：春秋初期随国大夫，是一位颇有政治见解的政治家。辅佐随侯多年，世称随国的贤臣。

〔2〕牲牷肥腯：牲牷，毛色纯粹而形体完具的牲畜如牛、羊，腯：肥壮。

译文

季梁劝阻（随侯）道："所谓道就是忠于人民而取信于鬼神。国君思虑如何利民，就是忠；祝祭官正正经经地向神灵祝祭，就是信。现在人民在挨饿而君王纵情享乐，祝祭官在祭祀神灵时却虚报功德，我不知道这样如何能抗拒人国！"随侯说："我祭祀用的牺牲都是毛色纯正，膘肥体壮，祭器里的黍稷也很丰盛，怎么不能取信于鬼神呢？"季梁说："人民才是鬼神的主人啊。英明的君主总是先把人民的事情办好，然后再致力于祭祀鬼神。"

解析

中国进入夏、商、周以来，逐步出现以上帝祖先崇拜为核心的天命神权论，认为天神是宇宙的主宰，"君权神授"既是维护政权，又是夺取政权的理论依据。降至春秋初期，上帝神学的观念开始发生动摇，随国大夫季梁明确提出"夫民，神之主也"的命题，"民为神主"的思想无疑具有重要的理论意义与实践价值。

究竟神是第一位，还是民是第一位？是神主宰民，还是民主宰神？这是神本与民本的重要分水岭。民本说到底将民众放在优先思考的位置，"是以圣王先成民，而后致力于神"，"先成民"就是将民众放在第一位，民众的事情排在优先地位，当然，在春秋初期，完全架空神甚至完全否定神是不可想象的，"而后致力于神"，神与民相比，神的地位下降，排在民众之后。如果国君不思利民，对神灵弄虚作假，民心就会背离，鬼神也无能为力，对于执政者而言，只有"先成民而后致力于神"，才能摆脱灾难。

以百姓为天

齐桓公问管仲曰："王者何贵？"曰："贵天。"桓公仰而视天。管仲曰："所谓天者，非谓苍苍莽莽之天也。君人者，以百姓为天。百姓与〔1〕之则安，辅之则强，非之则危，背之则亡。《诗》云：'人而无良，相怨一方。'民怨其上，不遂〔2〕亡者，未之有也。"

——西汉·刘向《说苑·建本》

注释

〔1〕与：此指亲附。

〔2〕遂：最终。

译文

齐桓公问管仲："作为君主，应视什么最为尊贵？"管仲回答说："天最为尊贵。"齐桓公于是仰头看天。管仲说："我所说的天，不是你看的辽阔苍茫的天。作为国君，要把百姓当作天。百姓亲附，国家就安定；百姓辅助，国家就强盛；百姓反对，国家就危险；百姓背弃，国家就灭亡。《诗经》上说：'君子不仁慈善良，百姓就会怨恨一方。'百姓怨恨他们的上司，而国家最终不灭亡，是从来没有过的。"

解析

齐桓公与管仲是一对好搭档，齐桓公作春秋时期的五霸之首，九合诸侯，不以兵车，是齐桓公与管仲齐心协力、共同造就的辉煌。当齐桓公问什么最为尊贵时，也许在他心目中已经有了答案，即君位最为尊贵。当管仲回答天最为尊贵时，齐桓公竟然抬头看天，管仲却说百姓是天，不是外在的那个自然之天。百姓是国君的天，决定着国家的安危存亡，主宰着君主的命运。这就告诉齐桓公要重视百姓，关心百姓，否则君位就会不稳，自己的江山也会不保。

"以百姓为天"命题的提出在中国民本思想发展史上具有重要意义。它开了即民见天的历史先河，百姓、民众的无上价值由此得以彰显。

王者以民为天，民以食为天

　　知天之天者，王事可成；不知天之天者，王事不可成。王者以民人为天，而民人以食为天。夫敖仓〔1〕，天下转输久矣，臣闻其下乃有臧粟甚多。楚人拔荥阳〔2〕，不坚守敖仓，乃引而东，令適卒分守成皋〔3〕，此乃天所以资汉也。

——《史记·郦生陆贾列传》

注释

　　〔1〕敖仓：古代粮仓名，秦置。在今河南荥阳东北敖山，位于黄河和济水分流处，中原漕粮由此输往关中和北部地区。后泛称粮仓为敖仓。

　　〔2〕荥阳：今河南荥阳市。

　　〔3〕成皋：古地名。

译文

　　知道天之所以为天的人，统一天下的大业就可成功；不知道天之所以为天的人，统一天下的大业就不能成功。王天下的人以百姓为天，而百姓以粮食为天。敖仓作为天下运输枢纽已经很久了，我听说敖仓储藏有很多粮食。楚军夺下荥阳，而不坚守敖仓，却带兵向东进军，留下受到处罚的士兵分守成皋，这正是上天用它来帮助汉王的。

解析

这是秦末郦食其游说刘邦时所说的一番话。郦食其集说客、狂生、隐者于一身,尤善于谋略。公元前 204 年,楚汉相争,刘邦多次在荥阳、成皋被楚军打败,刘邦打算放弃成皋以东的地盘,屯兵巩、洛,与楚军对抗。郦食其及时游说刘邦,保住成皋,攻取敖仓。

一切说客都是机会主义加功利主义者,郦食其也不例外。但在他的说辞中,包含着深刻的哲理。"王者以民为天,民以食为天",任何想一统天下、成就帝王之业的人,都离不开百姓的拥护,民众就是政权的命根所系,而粮食又是百姓的命根所系,这两句话成为千古名言。

天命在人

《易》曰："自天祐之。"仲尼以谓："祐者，助也。天之所助者顺也，人之所助者信也。履信思乎顺，是以祐之。"《易》论天人祐助之际，必先履行〔1〕，而吉凶之报象〔2〕焉。此天命在人，盖昭昭〔3〕矣。人事治而天降乱，未之有也；人事乱而天降康，亦未之有也。

——《新唐书·陆贽传》

注释

〔1〕履行：执行、实践。

〔2〕报象：显示象状。

〔3〕昭：明白、光明。

译文

《易经》说："来自上天的庇佑。"由此孔子说"祐是帮助的意思。上天所帮助的人是顺应天道的人，人所帮助的人是诚实守信的人。践行诺言，顺应天道，这样上天才会庇佑他。"《易经》讨论天人佑助关系，一定要先去实践，是吉还是凶 定会显示出征兆。这是说天命由人事决定，大概是最为清楚明白的了。人事治理好了而天降丧乱，是从来没有的事情，人事丧乱了而天降下安康，也是从来没有的。

解析

陆贽，唐朝著名的政论家，官至宰相。唐德宗时代，经过安史之乱，唐王朝藩镇割据，山河破碎，经济衰败，"四海骚然，靡有宁处"。唐德宗认为："此亦天命，非由人事。"陆贽是一位清醒的政治家，他告诉唐德宗，天命在人，而不在天。

在天与民的关系上，陆贽认为天听于民，而非民听于天。所谓天视自我民视，天听自我民听，天之视听皆因于民，非人事之外还有什么天命。因而天下是治还是乱，取决于人，而非由天命决定。"人事治而天降乱，未之有也；人事乱而天降康，亦未之有也。"作为执政者，天下治乱安危取决于自己的治理能力，而将责任推给天，是极不负责的懒汉思想。天命在人，天命决定于人事，同时，也是将天命掌握在人的手里。

天命不易，民心可畏

天生斯民矣，能为民立君，而不能为君养民。立君者，天也；养民者，君也。非天命之私一人，为亿万人也〔1〕。民之所归，天之所右〔2〕也；民之所去，天之所左〔3〕也。天命不易哉！民心可畏哉！是故古先哲王皆孳孳焉以安民为务也。

——宋·李觏《安民策第一》

注释

〔1〕出自《尚书·虞书·皋陶谟》。

〔2〕右：通"佑"，庇佑。

〔3〕左：通"佐"，指不帮助，反对。

译文

上天创生了人类，能为了百姓设立国君，但不能为了国君而养育人类。树立国君，这是天命；养育百姓，这是国君的责任。这不是上天独爱国君一人，而为了亿万百姓的生活。百姓归附的国君，上天就会庇佑他；百姓背离的国君，上天也会反对他，这是不变的天命！民心可畏啊！所以古代的先工哲人都努力以安抚百姓为目标。

解析

李觏的《安民策》在中国民本思想发展史上占有重要地位。天、君、民在中国是一个闭合的、相互制衡的三角关系。"天聪明，自

民惟邦本　本固邦宁

我民聪明，天明畏，自我民明威"，《尚书》是中国民本思想的总源头。天心源于民心，天意取决于民意，民决定了天。然而，上天降下万民，为了百姓的福祉而树立了国君，君的存在源于天命，有其存在的必然性与合理性，君有责任、有义务让人民过上好生活。上天立君，并不是上天独爱国君一人，而是为了天下百姓。民心所向，天必佑之，民心所离，天必弃之，李氏认为这是永恒的、不变的天命！这是对中国传统天命与民心关系认识的深化。

民心可畏哉！这是对统治者提出的忠告和警讯，敬畏民心就是敬畏天命，敬畏天道，民心即天命。

民既可畏，天亦无亲

二仪〔1〕之内，最灵者人。生民之中，至大者君。民既可畏，天亦无亲。所辅者德，所归者仁。

——《宋史·陈彭年传》

注释

〔1〕二仪：出自《易传》："易有太极，是生两仪"。两仪一说阴阳，一说是天地，两者均通。这里是指天地。

译文

天地之中，最有灵性的是人类。人类之中，权力最大的是国君。民众已经可怕，何况上天不会区别看待下民。上天会辅助有德的国君，民众所归附仁爱的长上。

解析

陈彭年（961—1017），字永年，建昌军南城县（今江西省抚州市南城县）人。北宋时期大臣、文学家。陈彭年针对宋初国势不振、冗兵冗官充斥官衙等弊端，向宋真宗上疏论治国之道，认为："夫事有虽小而可以建大功，理有虽近而可以为远计者，其事有五：一曰置谏官，二曰择法吏，三曰简格令，四曰省冗员，五曰行公举。此五者实经世之要道，致治之坦途也。"（《宋史·陈彭年传》）深得宋真宗器重。经礼部侍郎杜镐等推荐，陈彭年任直史馆兼崇文院检讨，进《大宝箴》。

这一段话陈彭年主要阐明天、君、民三者的关系。天地即大自然，天地即二仪，天为阳，地为阴，天地结合孕育了万物，而万物之中人是最有灵性的存在。在人类之中，国君是最有权力的存在，是民众的领导者，然而，对国君而言，最有权力，但要对人民应常怀畏惧之心，人民最可畏，人民力量最大。上天是公允的、无私的，它对一切苍生都会一视同仁。天心无私，常佑善人。天辅佐、庇佑有德的国君，人民会归顺有仁爱之心的国君。国君欲长治久安，做有德之仁君，不能做无道之暴君、昏君。其《大宝箴》是写给国君的，说到底是用儒家的观念规劝国君。

当然，陈彭年的《大宝箴》并没有新的创造与发挥，不过是"天命无常，唯德是辅""皇天无亲，常与善人"等传统民本思想的宋代表达，但就天、君、民三者关系而言，陈彭年抓住了三者关系的本质。

听 民 而 兴

汤、武听民而兴，桀、纣听天而亡。今陛下起干戈锋镝〔1〕间，外乱内讧〔2〕，而策臣〔3〕数十条，皆质之天，不听于民。

——《宋史·胡铨传》

注释

〔1〕干戈锋镝：泛指各种兵器，这里引伸为战争。

〔2〕内讧：内部争斗。

〔3〕策臣：出谋划策的大臣。

译文

商汤、周武王顺从民意而兴盛，夏桀、商纣王听从天命而灭亡。现在陛下兴起于战乱年间，外有金人作乱，内有各种势力争斗，而谋臣策划几十条建议，都将问题归于天命，而不顺从民意。

解析

这是胡铨回答宋高宗策问时说的一段话。胡铨，庐陵人，南宋名臣，以刚正不阿、敢于直言而著称。北宋建炎二年（1128），宋高宗在淮海策问进士，御题问"治道本天，天道本民"，胡铨作答时所说。

是听命于民，还是听命于天？历史的经验一再说明："汤、武听民而兴，桀、纣听天而亡"，体贴民意、民情，顺应人民的呼声与期盼，就能走向兴盛，而一味相信天命，任由天命摆布，就会走向毁灭。治理天下国家，顺应天道，而天道本民意，失去民意作支撑的天道是靠不住的天道。

"天道本民"即天道以民意为根本，顺应民意，本乎民情，听从民众的声音，就是顺应天道，国家就会走向强盛。

天下为主，君为客

古者以天下为主〔1〕，君为客〔2〕，凡君之所毕世而经营者，为天下也。今也以君为主，天下为客，凡天下之无地而得安宁者，为君也。

——明末清初·黄宗羲《明夷待访录·原君》

注释

〔1〕主：主位、主要、根本。

〔2〕客：客位、次要、枝叶。

译文

古代以天下万民为主体，君王为从属，所以君王为天下万民的利益毕生操劳；今天社会以君王为主体，以天下民为从属，所以全天下没有一处能够得到安宁：都在为君王而奔走。

解析

黄宗羲是明末清初著名思想家，他继承并发展了中国古代民本思想尤其是孟子的民贵君轻理论，提出了"天下为主，君为客"的著名命题。他指出古代君王原是要为天下人操劳的，后世君王改变了这种性质，反过来把天下视为个人的产业，不但个人享尽天下富贵，还把它传给后世子孙，因而成了天下的大害。

古代之君，"以天下为主，君为客"，君主为天下万民兴利除害，使人民安居乐业，人们将君"比之如父，拟之如天"（《明夷待

民惟邦本　本固邦宁

访录·原君》），受到人民的拥戴；今世之君"以君为主，天下为客"（同上），视天下为个人的私产，搜刮天下脂膏，以供个人享乐，天下万民"视之如寇仇，名之为独夫"。

既然君主为祸天下，那么天下人便有权起来推翻君主。这些观点，是中国民本思想发展的最高峰，具有近代民主启蒙意义，是由传统民本思想向现代民主过渡的重要资源与凭借。

人也，即天也，民视即天视矣

可以行之千年而不易，人也，即天也，天视自我民视者也。民有流俗之淫〔1〕与偷〔2〕而相沿者矣，人也，非天也，其相沿也，不可卒革〔3〕，然而未有能行之千年而不易者也。

——明末清初·王夫之《读通鉴论·隋文帝》

注释

〔1〕淫：沉湎、放纵。

〔2〕偷：苟且、浅薄。

〔3〕卒革：立即变革。卒，仓促，迅速；革，改变。

译文

可以实行千年而不能改变的，这是民意，即是天意，天的观察来自人民的观察。民众流俗中存有放纵与苟且代代相承的东西，这是人为结果，不是天意，虽代代相传，不可以立即改变，但没有能流行千年而不变易的东西。

解析

王夫之是明末清初著名的哲学家、思想家，他对"究天人之际，通古今之变"（《史记·报任安书》）有非常深刻的见解。天，在他那里没有任何人格的意味，而是一种历史的必然趋向，是"行之千年而不可易"的必然规律，这个规律是民意，也是天心。"天视自我民视"，天在哪里？历史的必然趋向哪里寻？"人也，即天也。"

这里的人不是指某一个人，不是某个英雄豪杰，而是天下之人，是民，人即天，就是人民就是天。千年不变，万年不易，是人民对基本生活的满足与对美好生活的向往，这是民心，也是天心。顺此则存，逆此则亡。

天是历史趋向，是恒常不易的，但并不是所有可以世代流传、流行不已的东西都是天，流俗中的淫与偷即骄纵、放肆、任意以及苟且、浅薄等也可相沿，但不是千年不易者，这是人为，不是天意；放在历史长河中，虽然可以相沿数代，领一时之风骚，但不是天。

民意即天意，民即天，可以即民见天；流俗虽然可相沿，但非千年不易者，是一时的，是人而非天，流俗再流行也不是天意的体现，最多算是历史的假象。

民心之大同者，理在是，天即在是

天无特立之体，即其神化〔1〕以为体；民之视听明威，皆天之神也。故民心之大同〔2〕者，理在是，天即在是，而吉凶应之。

——王夫之《张子正蒙注·天道》

注释

〔1〕神化：即神而化之，在王夫之看来，"气之外无神，神之外无化"，神化是阴阳二气的运动变化，这里指民气、民心、民意的变化。

〔2〕大同：《礼记·礼运》谓："大道之行也，天下为公。"这里的大同指民心之大公、民心之至正，民众意志的趋向。

译文

天没有特别设立的实体，阴阳二气的神妙变化就是它的实体。人民观察、惩恶扬善的民愿，都是上天神化的表现。所以说，民心的大公、至正之处，理就在这里，天就在这里，对执政者来说，是吉祥，还是凶应，——都会与民心相应、顺逆相验证。

解析

王夫之是明末清初著名的哲学家，其在历史哲学、政治哲学领域的贡献中国古代没几人可以与其相提并论。他充分发扬了《尚书》中"天视自我民视，天听自我民听"的观点，提出"即民见天""即天见民"等重要思想，将中国传统民本观念推向新高度。

王夫之的天是唯物主义的天，天是阴阳二气运动变化，而历史哲学中，百姓的视听、百姓的意志所向就是天之神化。"民心之大同"，即天理，即天，即民以见天。

王夫之并不是绝对地、无条件地认可民意，如果是百姓的私心恩怨，"若民私心之恩怨，则祈寒暑雨之怨咨，徇耳目之利害"（《张子正蒙注·天道》），那么这种民意不仅不是天，而且"与天相忤，理所不在，君子勿恤"（同上）。民意与民粹不同，王夫之即民见天的民是理性的民，为求天理之至正的民意，而民粹属于感性的民意，只是个人的私欲，而不能代表天理。

举天而属之民

尊无与尚[1]，道弗能逾[2]，人不得违者，惟天而已。……
举天而属之民，其重民也至矣。虽然，言民而系之天，其用民
也尤慎矣。

——明末清初·王夫之《尚书引义·泰誓中》

注释

〔1〕尚：假借为上也，尊崇。

〔2〕逾：超过。

译文

没有什么比它更加尊贵，道也无法超越，人也不得违背，只有
天吧。……将天尊崇归属于民众，对民众的重视达到极致了。虽然，
谈论民众而联系到天，使用民众也就更加谨慎。

解析

在中国古代哲学尤其是儒家哲学那里，天是至高、至上、至
尊、至贵的，没有什么可以与天相提升论，即使道家极力推崇的道
也无法超越，这就是"尊无与尚，道弗能逾"。正是"巍巍乎，唯
天为大，唯尧则之"（《论语·泰伯》）。

天如此尊贵，那么什么是天？谁又代表着天？王夫之在前人基
础上提出"举天而属之民"，即天的一切属性都归属民，都是民的
属性，民即天，天即民。天人合一，不是天与"大人者"合一，而

是与民合一，这是由先秦时代的英雄史观、圣贤史观转向民众史观。至尊、至高、至上者，民也。王夫之正告一切执政者，从民即天的角度看待民，可以说是重民意识登峰造极了。从民即天的意义上使用民众，难道不应该慎之又慎吗？在王夫之看来，"天显于民"，可以"即民以见天"。

法天重民命

法天之大者，莫过于重民命，则刑罚宜当宜平。陛下以重典绳下〔1〕，逆党有诛，封疆失事有诛。一切诖误〔2〕，重者杖死，轻者谪去，朝署中半染赭衣。而最伤国体者，无如诏狱〔3〕。……愿体上天好生之心，首除诏狱，且宽应昌〔4〕，则祈天永命之一道也。

—— 《明史·刘宗周传》

注释

〔1〕绳下：管束臣民。

〔2〕诖误：欺蒙牵连他人犯罪。诖（guà），失误、贻误。

〔3〕诏狱：由皇帝亲自下诏书定罪的罪犯所在监狱。

〔4〕应昌：易应昌，江西临川人，字瑞芝，进士及第。崇祯年间，任左佥御史，左副都御史，因上疏救刑部尚书乔允升获罪下狱，后免死戍边。

译文

效法天道最重大的事情，没有比重视人民的生命更人的了，那么刑罚应当恰当，也应当公平。陛下以严刑峻法管束臣民，谋逆的人有被杀的，封疆大吏犯了过错也有被杀的。一切犯了过错的人，严重的人被棍棒打死，处罚轻的人也被罢官，中央政府与地方政府机关里工作的人有一半穿过囚衣。最伤害国家形象的没有超过诏狱的。……但愿皇上体谅上天的好生之心，首先废除诏狱，而且宽大易昌明等官员，则是祈求上天保佑皇命永续的一个方法。

| 解析 |

　　作为天子，作为一代明君，理应法天效地，心胸像天地那样广阔，体天地之心以为己心，好生恶杀。然而明朝末年，崇祯皇帝朱由检面对内忧外患，一味严刑峻法，该杀的杀，不该杀的也杀，重罪杖死，轻罪罢官，使朝中人人自危。刘宗周于是上书，希望皇上体上天好生之德，不是废除刑罚，而使用刑罚要恰当，要公平，尊重生命，珍惜生命。当然，朱由检以刘宗周为迂阔，听不进刘宗周的话，最后大明王朝覆灭，自己吊死煤山。

　　刘宗周"法天之大者，莫过于重民命"的思想在今天看来仍然有意义。中国古人常说人命关天。每一个生命都是天造地设的，都是独一无二的，都拥有绝对的价值。尊重生命，重视人民的生命，这是执政者"法天之大者"，是执政者天大的事情。

即民见天

由乎人之不知重民者，则即民以见天〔1〕，而莫畏匪民矣。由乎人之不能审于民者，则援天以观民〔2〕，而民之情伪〔3〕不可不深知而慎用之矣。

——明末清初·王夫之《尚书引义·泰誓中》

注释

〔1〕即民以见天：即，就，引申为借助，意思是说借助民意、民心以发现天理、天道。

〔2〕援天以观民：援，用手拉、牵引，引申为借助，意思是说从天理、天道的角度去观察民众的心意。

〔3〕情伪：真伪。

译文

取决于人却不知道重视民众的人，那么（让他）从民众的意志向背去发现天道、天理，而没有什么比民众意志向背更可怕。取决于人却不能深入地了解民意、民心，那么就借助天理、天道去观察民情、民心，而民意、民意的真伪情形不可以不深入地了解且谨慎地加以使用。

解析

"由乎人"就是自己能够掌握的或操之在我者，就是说此事主动权掌握在自己的手里，不由乎人而由乎命，是自己无法掌握的，人是被动的，只能"听天由命"了。对于统治者、执政者而言，重民，还是轻民，完全取决于自己，不取决于他人，也不取决于上天。如果有人认为自己能够决定却不知重民，王夫之告诉他从民众意志的向背中去发现天道、天理，大量历史事实还告诉执政者，没有什么比民心向背更可怕的了，民心、心意无时不在，无时不显，民心即天心，民意即天意，由是而"不知重民"，可乎哉？当然不可以。

"由乎人之不能审于民者，则援天以观民，而民之情伪不可不深知而慎用之矣。"作为执政者，不仅要重民，还要能"审于民"。审民就是知道民意、了解民心、知悉民情。王夫之认为执政者如果不能审于民，那么就"援天以观民"。"援天以观民"，借助天道、天理以观民，天道即民情，天理即民意，天道、天理寓于民意、民情之中，"不能审于民"就不知历史趋向，就是不知天命、天道、天理所在。

第二篇

民本

民本思想在中国古代经历了『民惟邦本』到『民无不为本』的发展过程。民本思想的出现、强化与中国历史上的政治大变局紧密相关，如殷周、秦汉之际，两个时代的大动荡造成中国民本思想的空前繁荣。殷周之际统治者由听命于神的天命观转向天命顺民意的民本思想。秦汉之际，提出了『民无不为本』的思想和『民为万世之本』的观念。到宋代，又出现了民即是天下、民即是国家的观念。中国传统民本思想极为丰富，经过历代先贤的探索，形成了中国文化『重民本』的优良传统。

民惟邦本，本固邦宁

皇祖[1]有训，民可近，不可下，民惟邦本，本固邦宁。予视天下愚夫愚妇一能胜予，一人三失，怨岂在明，不见是图。予临兆民，懔[2]乎若朽索之驭六马，为人上者，奈何不敬？

——《尚书·五子之歌》

注释

〔1〕皇祖：指夏王朝的先祖大禹。

〔2〕懔：害怕，警惕。

译文

伟大的祖先曾有明训，民众可以亲近而不可轻视；民众是国家的根本，根本坚固，国家就会安宁。我看天下的人，愚夫愚妇都能对我取胜。一人多次失误，考察民怨难道要等它显明？应当在民怨未形成时就想办法化解。治理亿万百姓，就像用坏绳子驾驭六匹马一样害怕；做君主的人，怎么能不警惕、害怕？

解析

《五子之歌》是《尚书·夏书》中的篇章。夏王朝的开创者大禹是一位圣王，相传他将天子之位传给了益，但益的政治威望不足，禹之子启代替益成为天子。中国历史上由传贤不传子的禅让制转变化以血缘为基础的继承制度。启将天子之位传给太康。太康处在尊位而不理事，又喜好安乐，丧失君德，民众离心。太康的弟弟五人，怨恨太康，作《五子之歌》，借叙述大禹的教导而警示太康。

暂且将《五子之歌》的真伪问题搁置一旁，但"民可近，不可下""民惟邦本，本固邦宁"等思想的出现是中国政治思想史上的重要事件，也可以说是发中国民本思想的滥觞。在中国民本思想发展史中占有重要地位。2015 年 10 月 20 日，习近平总书记在英国议会发表讲话指出："在中国，民本和法制思想自古有之，几千年前就有'民惟邦本，本固邦宁'的说法。"这是对"民惟邦本，本固邦宁"这一思想的高度肯定。

与民为一体

夫民别而听之则愚，合而听之则圣。虽有汤武之德，复合于市人〔1〕之言，是以明君顺人心，安情性，而发于众心之所聚。是以令出而不稽〔2〕，刑设而不用。先王善与民为一体。与民为一体，则是以国守国，以民守民也，然则民不便为非矣。

——《管子·君臣上》

注释

〔1〕市人：集市上的人或大街上的人。

〔2〕稽：迟缓，拖延。

译文

对于人民的意见，只个别地听取，就是愚蠢的；全面综合地听取，就是圣明的。即使有商汤、周武王的德行，也还要多方搜集众人的言论。因此，英明的君主，顺从人心，适应民众的性情，发号施令合乎众人共同的心意。这样，命令布置下去，就不会拖延；刑罚设置了，却用不上。先王就是善于同人民合成一体的。与民一体，就是用国家保卫国家，用人民保卫人民，人民当然就不去为非作歹了。

解析

是听少数人的意见，还是兼听百姓的意见，是判断一位国君英明还是愚蠢的标志。"是以明君顺人心，安情性，而发于众心之所聚。"英明的国君认识到君与民是一体的，其发号施令是"众心之所聚"，国君发号施令不能只为个人的私欲，而是众人意志的集中表达。这样的政令就能令行禁止，通畅无阻，刑罚虽设但派不上用场。

君民一体，国就不仅仅是国君的国，同样是民的国，是君与民共同拥有的国，民不是孤立、无助之民，而是国家的民，国家有难，全民共赴，人民有难，全国共担。这一思想不仅在古代，即使在今天，仍然具有重要意义。

人主得民则威立

蛟龙〔1〕，水虫之神者也，乘于水，则神立，失于水，则神废。人主，天下之有威者也，得民则威立，失民则威废。蛟龙待得水而后立其神，人主待得民而后成其威，故曰："蛟龙得水，而神可立也。"

——《管子·形势解》

注释

〔1〕蛟龙：古代神话传说的神兽，具有龙族血脉的水兽，能兴风作浪。

译文

蛟龙，是水生动物中的神灵。有水，它的神灵才能成立；失去水，它的神灵马上就失去。君主，是天下最有权威的人。得到人民拥护就有权威，失去人民，权威就消失。蛟龙得水而后才有神灵，君主得人民拥护而后才有权威。所以说："蛟龙得到水，它的神灵才可成立。"

解析

用蛟龙比喻国君，用水比喻民众，是一种善喻。

蛟龙的神在于有水，凭借水蛟龙才可以兴风作浪，才可以为所欲为，正是海阔凭龙跃，才能显示其神其灵，离开了水，蛟龙的神灵立即不显。国君正是得到人民拥戴才有权威，人民不拥戴，失去了人民，国君的权威立即不见。

蛟龙离不开水，水是蛟龙生存之所需，施展才能之场域，人民如同水，国君如同蛟龙，国君失去了人民，如同蛟龙失去了水。国君依赖人民而生存，依赖人民才能实现平治天下的理想，才能施展自己才能，才能树立起自己的权威。失去人民的拥护，国君也不过是一匹夫罢了，何权威之有？

说到底不是人民离不开国君，而是国君离不开人民。

以民为本，遵道正行

叔向问晏子[1]曰："世乱不遵道，上辟[2]不用义；正行则民遗，曲行则道废。正行而遗民乎，与持民而遗道[3]乎？此二者之于行，何如？"晏子对曰："婴闻之，卑而不失尊，曲而不失正者，以民为本也。苟持民矣，安有遗道！苟遗民矣，安有正行焉！"

——《晏子春秋·叔向问处乱世其行正曲晏子对以民为本》

注释

[1] 叔向：春秋末期晋国大臣；晏婴：春秋末期齐国著名政治家、思想家、外交家。

[2] 辟：同"僻"。

[3] 遗道：失掉道义。

译文

叔向问晏子说："世道昏乱不遵循原则行事，君上邪僻不恪守道义；秉承君意去做事就会失去百姓，不按照君主意思去做事又抛弃了道义。是秉承君意去处事而失去民心呢，还是取得百姓的拥戴而丢弃为臣的道义呢？二者之间，该怎么取舍呢？"晏子回答说："晏婴曾听说，卑微而能不失尊严，违背君意而能不失对君主忠诚，只有以民为本。如果受到百姓的拥戴，怎么会抛弃为臣的道义！如果失去百姓的拥护，怎么能算是对君主的忠诚呢？"

民惟邦本　本固邦宁

67

解析

晏婴是春秋末期一位杰出的思想家、政治家与外交家，"以民为本"首次由他提出，可谓不同凡响！

"以民为本"与"民惟邦本"不同，民惟邦本凸显民众在国家中的地位与作用，说到底是重民思想的高度概括，而"以民为本"则是一种价值观，是执政者的最高价值。在晏婴看来，坚守以民为本，即使不合乎邪偏君主的主观意志但结果却有利于君，做到以民为本，得到百姓拥护，这就是最大的政治。晏婴提出的以民为本的观念至今仍有重要价值。

民无不为本

闻之于政也，民无不为本也。国以为本，君以
为本，吏以为本。故国以民为安危，君以民为威侮[1]，吏以民为贵贱，此
之谓民无不为本也。

——西汉·贾谊《新书·大政上》

注释

〔1〕威侮：指凌虐侮慢。威，虐也；侮，慢也。

译文

听说对于执政者而言，民众是一切事情的根本。国家以民众作
为根本，君主以民众作为根本，官吏也以民众为根本。所以国家以
民众为安危，君主以民众为凌虐侮慢，官吏以民众分为贵贱，因此
民众是一切事情的根本。

解析

由以民为本至民无不为本是民本思想的拓展，也是中国政治思
想对民本价值的提升，这种提升不只是量的提升，也是质的飞跃。
民惟邦本，许多政治家看得到，民无不为本许多政治人物看不到。

何以"民无不为本"？贾谊从三个方面加以说明：国以民为本、
君以民为本、吏以民为本。国何以民为本？贾谊认为，国家是安还
是危，取决于百姓，百姓安则国安，百姓危则国危，百姓存则国
立，百姓亡则国亡。国家生死存亡取决于百姓，而不是君主与官

吏，国君的荣辱取决于百姓。百姓拥戴国君是国君，则荣显、则有权力，百姓抛弃国君则国君为匹夫，甚至是民贼，"身死人手，为天下笑"，则丧失权力，一无所有，则蒙受羞辱。官吏系统的存在是因为民，没有广大的基层民众，何必设官，何以用吏？官吏的高低贵贱取决于民。

民无不为本，这是中国政治哲学的根基。民，不是被治的对象，也是国、君、吏等存在的前提。

民为万世之本

夫民者，万世之本也，不可欺。凡居于上位者，简士苦民者是谓愚，敬士爱民者是谓智。夫愚智者，士民命之也。故夫民者，大族也，民不可不畏也。故夫民者，多力而不可适〔1〕也。呜呼，戒之哉，戒之哉！

——西汉·贾谊《新书·大政上》

注释

〔1〕适：音 dí，通"敌"，相匹配。

译文

百姓，是万世的根本，不可以欺侮。一切居于统治地位的人，傲慢读书人和苛刻百姓叫作愚蠢，礼遇读书人和爱护百姓叫作明智，这是由读书人和百姓确定的。所以百姓，是最大的族类，对于百姓不可以不畏惧。所以百姓，力量强大而不可匹敌。呜呼，小心啊，小心啊！

解析

民无不为本是从社会结构上讲的，民为万世之本则是从历史变迁的角度说的。前者横着讲，后者纵着说；前者从空间上说，后者从时间上讲，时与空合一即宇宙，就是绝对、无限与普遍。

"民者，万世之本也。"人民永远是国家的根本，一切执政者的根本。无论时代怎样变迁，社会如何发展，任何时候人民都是历史的决定力量。作为执政者，慢怠人才，让百姓受苦就是愚蠢，礼遇人才，关心百姓就是聪明，贾谊让一切执政者明白：对待人民的态度是鉴别执政者愚与智的标准。英明的执政者，会重视人才，礼遇读书人，尊敬知识分子，爱护、关心人民，而愚蠢的执政者，则反之。

民众，大族也。民众是最大族类，世上没有任何力量可以与之相匹敌。对百姓要永远怀有敬畏之心。朝代可以更替，政权可以流转，人民，只有人民是永恒的历史存在，是历史永远的决定力量。"夫民者，万世之本也"，非一代一朝之本也。

民 为 国 基

国主之有民也，犹城之有基，木之有根。根深则本固，基美则上宁。五帝三王〔1〕之道，天下之纲纪，治之仪表〔2〕也。

—— 《淮南子·泰族训》

注释

〔1〕五帝三王：一般以黄帝、颛顼、帝喾、唐尧、虞舜为"五帝"，而以夏王朝、商王朝和周王朝开创者夏禹、商汤、周武王为"三王"。

〔2〕仪表：标准、模范。

译文

国君拥有百姓，就像城墙有基础，树木有根本。树木根扎得深了，树干才能牢固，城墙基础牢固了，上面的建筑才能安宁。这是五帝三王的原则，维护天下的纲纪，治理天下的标准。

解析

中国古代思想家认为，人民，只有人民，才是国家根基。一切统治者必须充分重视人民在国家中的作用。作为统治者的国君，有人民拥戴才是国君，没有人民的拥戴，国君就不成其为国君，就是孤家寡人，匹夫而已。如果说国君是城墙，人民就是城墙的基础，国家是树木，人民就是根本。

"根深则本固，基美则上宁"，这是问题的关键。根深就是让人民过得好，基美就是让人民生活幸福。人民过得好，生活幸福，城墙才稳，树干才坚固，统治者才能实现有效治理，实现长治久安，对政权才最有利。

民者，国之本也

食者，民之本也；民者，国之本也；国者，君之本也。是故人君者，上因天时，下尽地财，中用人力，是以群生〔1〕遂长，五谷蕃殖〔2〕。

——《淮南子·主术训》

注释

〔1〕群生：各种有生命的事物，指各种植物与动物。

〔2〕五谷蕃殖：五谷是指麦、菽、黍、稷、稻五种作物，后泛指粮食作物；蕃殖：繁殖。

译文

食物是人民的根本，人民是国家的根本，国家是国君的根本。所以作为国君，一定要顺应天时的变化，充分发挥大地的生产财富能力，在国家治理的过程中使用人的力量，因此各种动物、植物都能得到顺利生长，粮食作物得以繁殖。

解析

民以食为天。民得食则生，无食则死。民是国之本，有民则有国，无民则国不存。作者告诉执政者应明白"天有其时，地有其财，人有其治"（《荀子·天论》），调动人的一切主观能动性，顺应春夏秋冬季节的变化，最大限度利用大地产生物质财富的能力，利用民众的力量，进行生产活动，让各种牲畜都得到繁衍、生长，各种谷物都能得以繁育、成熟，以保障民众的物质生活。民众有了充足的食物，百姓就不会离开自己的父母之邦，而在自己的国家安居乐业，这样国家才有保障。

在民惟邦本的意义上，不是人民祈求国君赐福，而是国君应该祈求民众。《大学》有言："有德斯有人，有人斯有土，有土斯有财，有财斯有用。"在这里国君之德就是能"上因天时，下尽地利，中用人力"，让物质生产丰富起来，让人民衣食无忧。

民无不为命

闻之于政也，民无不为命〔1〕也。国以为命，君以为命，吏以为命。故国以民为存亡，君以民为盲明〔2〕，吏以民为贤不肖，此之谓民无不为命也。

——西汉·贾谊《新书·大政上》

注释

〔1〕命：生死存亡的决定者。

〔2〕盲明：昏庸与贤明。

译文

听说对于执政的人，百姓无不是命根。国家以百姓作为命根，国君以百姓作为命根，官吏以百姓作为命根。所以，百姓关系国家生死存亡，国君以百姓作为昏庸还是英明的判断标准，官吏以百姓作为有能与无能的标志。这就是说百姓无不是命根。

解析

命，对于中国人来说，人人明白，似乎人人又不明白。

人既生了，便有了命，合在一起就是生命。

一个人生，自己说了不算，一个人死，自己还是说了不算，这叫作"死生有命"。自己无法决定，只能"顺受其正"，正是"莫非命也"。

一个人有命，一个朝代、一个政权、一个国家同样有命。对于国家、对于政权、对于执政者而言，"民"就是他们的"命"。"国以民为命，君以民为命，吏以民为命"，"民无不为命"。有了民众，国家才能存在，没有民众，国家就无法存在，民是国之命。国君是以民判其昏庸还是英明，吏是以民判其有能还是无能。君是民之君，无民则无所谓君，吏是民之吏，无民也就没有吏，民众或百姓才是国之命，君之命，吏之命。国家可以没有吏，没有君，但不能没有民。民是国、君、吏存在的基础，民是他们的命。

由"民无不为本"到"民无不为命"，似乎由政治学进入到哲学，民注定成为历史的命运主宰者。

力者民之本，国之基也

国之所以为国者，以有民也。民之所以为民者，以有谷也。谷之所以丰殖者，以有民功也。功之所以能建者，以日力〔1〕也。……圣人深知力者民之本，国之基也，故务省徭役，使之爱日。

—— 《后汉书·王符传》

注释

〔1〕日力：意为日之力，即每一天的力气或劳力。

译文

国家之所以成为国家，是因为有百姓。百姓之所以为百姓，是因为百姓生产五谷。五谷之所以种植得多，是因为有百姓愿意去劳动。功劳之所以能够建立，是因为有时间与劳力。……圣人深深懂得体力是人民谋生的根本，国家的基础。所以务必减少百姓的差役，使他们爱惜时日，不违农时。

解析

国家之所以能成为国家，在于有百姓，没有百姓，就是没有国家。百姓的意义在从事农业生产，种植农作物，创造社会财富。五谷之所生产得多，是百姓的功劳。百姓之所以能建立这种功劳，是因为有时间与体力。如果将百姓时间与体力用来作战，用来修墙，挖壕沟，筑楼台亭阁，还能生产五谷、创造社会财富吗？王符特别

民惟邦本　本固邦宁

强调要爱护百姓的时间与劳力，故称"爱日"。

　　"圣人深知力者民之本，国之基也，故务省徭役，使之爱日。"百姓体力或曰劳力是人民谋生的根本，民赖力者生，有力则能生存下去，无力若没有人帮助就无法生存。民力还是国家的基础，百姓不出力，五谷何以生？五谷不生，财富从哪里来？明君治天下也，"务省徭役，使之爱日"，民力是国之基。

民者，诸侯之本也

夫民者，诸侯之本也；教者，政之本也；道者，教之本也。有道，然后教也；有教，然后政治也；政治，然后民劝〔1〕之；民劝之，然后国丰富也。故国丰且富，然后君乐也。

——西汉·贾谊《新书·大政下》

注释

〔1〕劝：努力。

译文

人民，是诸侯国的根本；教化，是行政的根本；道，是教化的根本。有道然后有教化，有教化然后行政得以治理，行政得以治理然后人民会努力。人民努力然后国家富足。国家丰收并且富有，然后国君就会高兴！

解析

在贾谊那里，民无不为本。诸侯也好，诸侯国也罢，人民才是它们的根本。有人民才有国家，才会有国君；没有人民，国家也好，诸侯也罢，都无从谈起。

人民虽然要教化，然而以什么教化？贾谊认为以道教之。谁人有资格教化百姓，贾谊认为有道之人才可以教化人民。对国君而言，重要的是得道并有道。有道之君推行教化，国家才能治理有序。国家治理有序，人民才能勤勉与努力，人民努力国家才能富足。

　　人民是国家的根本。人民努力才能创造社会财富，才能使国家丰且富，才能使国家富裕。因而只有维护这个根本，培植和养育这个根本，国家才能兴旺发达。

民为吏之程

　　故夫民者，吏之程[1]也。察吏于民，然后随之。夫民至卑也，使之取吏焉，必取其爱焉。故十人爱之有归，则十人之吏也；百人爱之有归，则百人之吏也；千人爱之有归，则千人之吏也；万人爱之有归，则万人之吏也。故万人之吏，选卿相[2]焉。

　　　　　　　　　　　　——西汉·贾谊《新书·大政下》

注释

　　[1] 程：指标准、尺度、权衡等。《荀子·致仕》："程者，物之准也。"

　　[2] 卿相：指执政大臣或高级官吏，如三公九卿。

译文

　　所以，百姓是评估官吏优劣的标准。通过百姓考察官吏，然后听从百姓的意见。百姓，社会地位最低，却通过百姓的意见选取推举官吏，而且一定要选取百姓喜爱的人。所以十人爱他且愿意归附他，那么他就是十人之吏；有百人喜欢他且愿意归附他，那么他就是百人之吏；千人爱他且愿意归附他，那么他就是千人之吏；万人喜欢他且愿意归附他，那么他就是万人之吏。所以，万人之吏可以拜卿相了。

▌解析▐

民无不为本，当然也是选吏之本。

人们一向认为，中国传统取吏主要看上司之好恶，上司喜欢，不行也行，上司不喜欢，行也不行。然而贾谊给我们提出反证，中国官吏的选拔、推举在下民而不在上司。事实上，汉代举孝廉、举贤良方正，都是自下而上推举。

贾谊认为，"夫民，吏之程也"。官吏优劣的标准在民而不在官。"夫民至卑也，使之取吏焉，必取其爱焉。"取吏于民，吏受民爱戴，才能为吏，"十人爱之有归，则十人之吏也；百人爱之有归，则百人之吏也；千人爱之有归，则千人之吏也；万人爱之有归，则万人之吏也。"吏受民爱戴越广、越众，吏治下的民众就越多，吏的权力的大小是由民众爱戴的范围决定的。"万人之吏，选卿相焉"，即若受到万人爱戴，可以成为卿相的人选。

吏以民为本，这是中国设吏、治吏思想的一大突破，为中国历代察举提供了理论支撑。

民散则国亡

故一人之身，一国之象也。胸腹之位，犹宫室也。四肢之列，犹郊境也。骨节之分，犹百官也。神〔1〕犹君也，血犹臣也，气〔2〕犹民也。故知治身，则能治国也。夫爱其民所以安其国，养其气所以全其身。民散则国亡，气竭即身死，死者不可生也，亡者不可存也。

——东晋·葛洪《抱朴子·内篇·地真》

注释

〔1〕神：神明或精神。

〔2〕气：人体原始能量，元气。

译文

一个人的身体，就是一个国家的缩影，胸部与腹部的位置，好像国家的宫殿，四肢列于身体就像国家的郊境，骨节分置，就像百官。精神就是国君，血脉就像大臣，元气就像百姓。所以明白了治身的道理，那么就能懂得了治国的道理。爱护自己的百姓就能使自己的国家安定，养护自己的元气就能自己的身体得到保全。百姓离散那么国家就灭亡了，元气枯竭了身体也就死了，死去的人不可能再活过来，已经消亡的国家不可能存在了。

葛洪，自号抱朴子，东晋时期道教理论家、著名炼丹家和医药学家。其所著《抱朴子》既是哲学名著，又是医药学名著，也包含治国之术。他从医学的角度，审视国家治理，认为治身与治国的道理是一样的。人身是一个由各种不同的部位、结构形成的有机系统，而国家同样是由君、臣、民构成的有机系统。国家这一系统同人的身体的有机系统一样，既各有功能，又相互配合。国君就是精神，就是主脑，大臣是血脉，百姓是元气。治国与治身的道理一样，如果一个人身体上元气散了，生命就死亡了，如果一个国家百姓离散，这个国家也就不存在了。民在国家在，民散国家亡，自古皆然。

因此，治人身之病要在疾病未生之时治疗它，在没有变故之前防范它，治理国家同样应在灾祸未现之前防范它。他认为，民众是难以蓄养而易于招来危险的，元气是难以清化而易于变浊的。所以，要审威用德以保全江山社稷，割舍嗜欲是以永固血脉元气。只有如此，民可治身体可健，人可以延年，国可常命。

天下国家，民而已

善为〔1〕天下者，不视其治乱，视民而已矣。民者，国之
根本也。天下虽乱，民心未离，不足忧也；天下虽治，民心离，
可忧也。人皆曰"天下国家"〔2〕，孰为天下？孰为国家？民而
已。有民则有天下，有国家；无民则天下空虚矣，国家名号矣。

——宋·石介《徂徕石先生文集·根本》

注释

〔1〕善为：善于治理。

〔2〕人皆曰"天下国家"。孟子曰："人有恒言，皆曰'天下国家'。
天下之本在国。国之本在家，家之本在身。"（《孟子·离娄上》）

译文

善于治理天下的人，不看天下是治是乱，只看人民状态就可以
了。所以，人民才是国家的根本。天下虽然乱了，民心没有离散，
不必担忧。天下虽然没乱，民心已经离散，是应当担忧的。人人都
说天下国家，谁是天下？谁是国家？人民罢了。有了人民，就有天
下，有国家；没有人民，天下就是虚的空的，不过只有名称罢了。

解析

人民是国家的根本，君是什么？末。民本君末，这一言论比孟
子的民贵君轻更有意义。

石介将人民等同于国家。有人民才有国家，人民即国家；有人

民才有天下，人民即天下。这是对"朕即国家""朕即天下"的颠覆。

天下国家之治乱不足忧，民心之离散才可怕。天下之治乱是表象，问题的本质在民心。对执政者而言，天下虽然乱，但民心未离散，乱是一时之现象，不是问题的本质，乱可以复治。天下表面上平安无事，然而民心已散，这种表面的平安背后可能在酝酿一场惊天巨浪。

由孟子的"天下之本在国，国之本在家，家之本在身"到石介的天下之本在民，国之本在民，这是对先秦时代民本思想的新发展。

为天下国家，必务民重民

为天下国家者，可不务民乎！《书曰》"可畏非民"〔1〕。孟子曰："民为贵，社稷次之，君为轻。"故古之天子重民也，不敢轻侮于鳏寡。民虽匹夫也，有奸雄，有豪杰，有义勇。……昏官庸吏不知民为天下国家之根本，以草芥〔2〕视民，以鹿豕视民，故民离叛，国家倾丧。

——宋·石介《徂徕石先生文集·根本》

注释

〔1〕可畏非民：语出《尚书·大禹谟》，大意是说可怕是非难、责备百姓。

〔2〕草芥：指路边干枯的小草，枯草的一节。

译文

治理天下国家的人，可以不致力（重视）民众吗！《尚书·大禹谟》说："可怕的是一味批评、责备百姓。"孟子说：民众最值得重视，社稷在其次，国君为轻。孟子的说法，大概是说不敢凭借天子的地位而傲慢民众，所以古代的天子重视民众，不敢轻视、怠慢鳏寡的人。民众虽然是普通人，有奸雄，有豪杰，有义勇。……昏官庸吏不知民众是天下、国家的根本，看待民众如草芥，看待民众如鹿如猪，故而民众离心背叛，国家倾覆灭亡。

|解析|

　　石介，北宋时期的思想家、教育家。在北宋时期，高举民本思想的大旗，要求当政者重视民众的呼声，了解民众的艰辛，爱民、惜民、重民。

　　他的民本思想承袭孟子的民贵君轻思想而来，他引用孟子思想告诉人们，即使以万乘之尊也不敢轻视百姓，古代的天子无不重民，甚至不敢轻慢鳏寡。民众是普通人，又不是普通人，英雄、豪杰、奸雄等各色人物都在民间。伊尹、吕望、陈胜等当初都藏于民间，后来都成为扭转乾坤的人物。

　　但昏官庸吏不知道民众是天下国家的根本，于是轻慢民众，将民众视草芥，视如动物，结果导致民众离心，国家倾覆灭亡。重民，还是轻民，是执政者英明与昏庸的分水岭，也是国家长治久安还是走向倾覆的理论前提。

民乃国之血气

国家之与百姓，上下如同一身，民乃国之血气，国乃民之肤体。血气充实则肤体康强，血气损伤则肤体羸病[1]。未有耗其血气能使肤体丰荣者。是故民富则国富，民贫则国贫，民安则国安，民困则国困，其理然也。

——《元史·陈天祥传》

注释

[1] 肤体羸病：羸，瘦弱，引申为衰弱，肤体羸病是指身体衰弱生病。

译文

国家与百姓，上下就像人身体一样，民众是国家的血气，国家是民众的肤体。血气充实则肤体健康与强壮，血气损伤则肤体衰弱生病，没有损耗血气还能使肤体丰满光鲜的人。所以，百姓富裕则国家富裕，百姓贫穷则国家贫穷，百姓安宁则国家安定，百姓困乏则国家困乏，道理是一样的。

解析

以人身比喻国与民的关系，可谓善喻。百姓是血气，国家是肤体，血气与肤体二者相互依存，彼此不分，有机融合，才是活的有机体，才是完整的、活泼的、健康的人身。血气充盈，肤体强健，血气耗损，肤体衰弱生病，一味损耗血气，还想让肤体强健，当然做不到。一味损耗百姓，而希望国家强大，同样不可能。由是陈天祥指出，"民富则国富，民贫则国贫，民安则国安，民困则国困"，这一思想是对《论语·颜渊》"百姓足，君孰与不足？百姓不足，君孰与足"思想的进一步发展。

自古以来，中国哲人将社会看作一个有机系统，将国家与人民看作是一个有机整体，在这个有机系统里，百姓与国家、人民与国君不是对立的，而是统一的，是利益攸关的，可谓一损俱损，一荣俱荣，是命运共同体。

民无不为功

闻之于政也，民无不为功[1]也。故国以为功，君以为功，吏以为功。国以民为兴坏，君以民为强弱，吏以民为能不能，此之谓民无不为功也。

——西汉·贾谊《新书·大政上》

注释

〔1〕功：功业、功绩、功劳。

译文

听说对于从政的人，一切成就无一不是百姓的功劳。国家以百姓为功劳，君主以百姓为功劳，官吏以百姓为功劳。国家因百姓而兴盛或衰败，国君依靠百姓而为强大与衰弱，官吏以百姓显现其有才干或没有才干，这就是所说的民无不为功劳。

解析

功就是功业、功勋、成就，"民无不为功"，就是历史功勋、成就、事业无不依赖百姓、民众，离不开民众、百姓，这是最早的庶民史观、百姓史观，是对天才史观、英雄史观的一次颠覆！

谁是历史的创造者，国家的强盛是谁为之？帝王将相，才子佳人，还是千千万万普普通通的老百姓，在许多人眼里，在正史里只记载了英雄人物、帝王将相、才子佳人，成千上万的普普通通的百姓，并没有留下他们的名字，所谓"凭君莫话封侯事，一将功成万骨枯"（曹松《己亥岁二首》），名将功成于万骨，没有万骨枯，何来名将封侯事。名将留下名字，而万骨只有枯而已矣。一切帝王将相、才子佳人乃至一切政治人物，欲建功立业，只有发动百姓、依靠百姓才能成功，一个官员能与不能，有没有才干，会不会干事创业，只有依靠百姓才能去鉴别。

"民无不为功"是民众史观的朴素表达，是中国民本思想的有力论证。在贾谊看来，离开民众、百姓的努力，则帝王不帝王，英雄非英雄，国不能立，这一思想颇有朴素的唯物史观的味道。

民无不为力

闻之于政也，民无不为力〔1〕也。故国以为力，君以为力，吏以为力。故夫战之胜也，民欲胜也；攻之得也，民欲得也；守之存也，民欲存也。

——西汉·贾谊《新书·大政上》

注释

〔1〕力：气力、体力、力量、能力。

译文

听说对于执政的人，无处不体现着百姓的力量、民众的能力。所以国家成立依赖百姓的力量，国君存在依赖百姓的力量，官吏存在依赖百姓的力量。所以战争中获胜，是民心向往胜利；进攻之所以能得手，是民心期望得手；守卫不失守，是民心期待不失守。

解析

力量来自百姓，来自人民。民之力，不仅仅是气力、体力，还有能力，更重要的是民心所向。

对于执政者而言，处处体现着民众的力量。国家、政府、官吏无不是民众力量的体现。民众的力量不仅仅是民众的气力、体力，更重要的是民众的向心力、凝聚力。民心向背决定着一个国家、一个政权的生死存亡，决定着战争的胜负。战必胜，是民心思胜；攻必得，是民心思得；守必存，是民心思存。相反，如果率民而守，而民不欲存，则莫能以存。率民而战，民不欲胜，莫之能胜。

民众意志决定国家的生死存亡，战争的胜负。没有秦汉之际那场巨变，贾谊不可能得出如此深刻历史结论。陈涉首义，群起响应，强大的秦王朝迅速土崩瓦解。楚汉相争，楚霸王项羽如此强大，结果呢？败走乌江，这一场巨大、翻天覆地的历史场景强烈震撼了哲人的心灵，这是贾谊民本思想的真正来源。

国无民，岂有四政

国无民，岂有四政〔1〕？封疆，民固之；府库，民充之；朝廷，民尊之；官职，民养之。奈何见政不见民也？尧曰："四海困穷，天禄〔2〕永终。"每诵斯言，心堕体战，为民上者，奈何忽之！

——唐甄《潜书·明鉴》

注释

〔1〕四政：即指封疆、府库、朝廷、官职四事。

〔2〕天禄：原意为天赐的福禄，指天命。

译文

国家要是没有民众，哪里会有四种政事呢！疆土靠民众来巩固，国库靠民众来充实，朝廷靠民众来尊重，官府靠民众来供养，为什么只看见政事而看不到民众呢！尧说："四海困苦与贫穷了，天命也就结束了。"每当读到这句话，就会心惊肉跳，作为统治者，怎能忽视呢？

解析

唐甄是一位重要的启蒙思想家，对传统的民本思想有独到见解。许多思想家皆认为国以民为本，但何以国以民为本？言之不详。

唐甄明确回答了民何以是国之本或者说民何以为国之基。封疆、府库、朝廷、官职是国家政权存在的四大要件，这四者缺一都会国将不国，而这四个方面都是人民支撑起来的，没有人民这四大要件无一可成。因为"封疆，民固之；府库，民充之；朝廷，民尊之；官职，民养之"。在国家的权力结构中没有一项不是人民支撑起来的，没有人民国何以为国？他反问执政者："奈何见政不见民也？"

作为执政者决不可以轻忽人民，重视人民关键是富民。他曾指出，为治者不以富民为政，而欲幸致太平，南辕北辙，绝不能达到目标。对于执政者来说，"四海困穷，天禄永终"，民是国家存在的前提，富民是执政合法性的基本保证。

第三篇

重民

重民是民本思想的应有之义，也可以说是民本思想的深入与延展。这里轻重重是在天下国家意义上民众与国君或天子为代表的执政系统相比较而显现出的轻重。主要有如下几层意义：第一，民聚则国存，民散则国亡；第二，民可以无君，君不可以无民；第三，民为贵，君为轻，民为水，君为舟，水可载舟，亦可覆舟；第四，作为执政者『得百姓之力者富，得百姓之死者强，得百姓之誉者荣』；第五，政权之兴衰存亡决定于是否得民心，顺民情，通民意。

民 贵 君 轻

孟子曰："民为贵，社稷[1]次之，君为轻。是故得乎丘民而为天子，得乎天子为诸侯，得乎诸侯为大夫。诸侯危社稷，则变置。牺牲[2]既成，粢盛既洁，祭祀以时，然而旱乾水溢，则变置社稷。"

——《孟子·尽心下》

注释

〔1〕社：土神；稷（jì）：谷神。古代帝王或诸侯建国时，都要立坛祭祀"社神""稷神"，人们将社稷作为国家的代称。

〔2〕牺牲：供祭祀用的牛、羊、猪等祭品。

译文

孟子说："百姓最为重要，其次是国家，国君为轻。所以，得到天下民众的拥戴可以成为天子，得到天子赏识可以成为诸侯国的国君，得到诸侯国君的赏识可以做大夫。诸侯危害国家，则改立。祭品丰盛、洁净，祭扫按时举行，但仍然遭受旱灾水灾，那就改立土神谷神。"

解析

民贵君轻这一理论的提出在中国民本思想发展史上具有里程碑意义。

在现代意义上，人与人是平等的，君与民也是平等的，没有谁贵谁轻的差异。但是，君不是个体，而是执政者、统治者的象征，民不是个体的民，而是作为集合概念的民，天、君、民是闭合的三角关系，由天而君，由君而民，由民而天；返回去，就是由民而天，由天而君。传统中国人，许多学者更倾向于将这一关系理解为垂直关系而非三角关系。

除民贵君轻这一观念的提出外，"得乎丘民而为天子"，丘民者，众民也，得到百姓的拥戴而为天子。在孟子以前，"君权神授"是传统社会观念，天子是天上所授，孟子提出"得乎丘民而为天子"，天子的权力不是来自上天，而是取决为于民众。这一观念当然不是民主观念，但决不是反对民主的观念。民贵君轻与得乎丘民而为天子成为民本思想的重要闪光点。

有道则民归之，无道则民去之

民之从有道〔1〕也，如饥之先食也，如寒之先衣也，如暑之先阴也；故有道则民归之，无道则民去之；故曰："道往者，其人莫来；道来者，其人莫往。"

——《管子·形势解》

注释

〔1〕有道：道，本义是道路，引申为规律、思想、学说、方法、原则、理想，指有道之国君，即有英明、有德行的国君。

译文

人民归附有道的国君，如同饥饿时最迫切想要食品，寒冷时最想要衣服，暑热时最想得到阴凉一样。所以，国君有道，那么天下百姓就归附，国君无道，那么百姓就离散。所以说："已经远离了道，人民不会归附，已经拥有道，人民不会离开。"

解析

得道多助，失道寡助，这是一切时代与一切政权的普遍原则。

国君有道，治理有方，能让人民过上好日子，人民就会前来投奔；国君无道，治理无方，让人民吃苦遭罪，人民不仅不会来归附，本国的人民也想离开。在天下无道，国君普遍缺乏道义的战国时代，有道国君成为稀缺资源，人们思念、盼望有道之君如饥似渴，一旦发现有道之君，如"民之归仁也，犹水之就下，兽之走圹也"(《孟子·离娄上》)。因为有道之君可"救天下之祸,安天下之危"(《管子·形势解》)。

执政者要有理想,守道义,救难除祸,兴利除害,才能得到民众的支持。

政之所兴，在顺民心

政之所兴，在顺民心。政之所废，在逆民心。民恶忧劳，我佚乐之。民恶贫贱，我富贵之。民恶危坠〔1〕，我存安之。民恶灭绝，我生育之。能佚乐之，则民为之忧劳。能富贵之，则民为之贫贱。能存安之，则民为之危坠。能生育之，则民为之灭绝。

——《管子·牧民》

注释

〔1〕危坠：危险。

译文

政令之所以能推行，在于顺应民心；政令之所以废弛，在于违背民心。民众厌恶忧愁与劳累，我使民众走上安乐；人民厌恶贫贱，我使他们富贵起来；人民厌恶危险与艰难，我使他们平安和祥和；民众恐惧断子绝孙，我使他们生育繁息。因为我能使人民安乐，民众就可以为我承受忧劳；我能使人民富贵，他们就可以为我忍受贫贱；我能使人民安宁祥和，他们就可以为我承担危难；我能使民众生育繁息，百姓就可以为我灭绝。

解析

政策、命令能否得到贯彻、执行，关键在于顺应民心，还是违背民心。"政之所兴，在顺民心。政之所废，在逆民心。"得民心，

105

政令行，不得民心，则政令废，千古皆然，为政者当为之深思。

什么是得民心，什么是逆民意？民有"四恶"，得民心，顺民情，足民欲，就要去"四恶"。所谓"四恶"，即"恶忧劳""恶贫贱""恶危坠""恶灭绝"，这"四恶"用今天的话说就是四大讨厌或四怕，百姓厌恶忧患劳苦、贫困低贱、危险灾祸、绝后，有讨厌就有喜欢，与四大讨厌相随就有四大喜欢。这四大喜欢即喜欢"佚乐"，喜欢"富贵"，喜欢"存安"，喜欢"生育"，用今天的话说，民众的人性都趋利避害，给老百姓恩惠、好处就是顺民情，知民意，就能得民心。老百姓的四大喜欢用今天的话说就是四大需要：安全快乐的需要，富足贵显的需要，生存安宁的需要，生育繁衍的需要。执政者能满足百姓的四大需要，摒去百姓的四恶，那么百姓就会自动亲近归附，政令就能畅通，政权就可以稳定，这就是为政之宝。

得其民，斯得天下

孟子曰："桀纣之失天下也，失其民也；失其民者，失其心也。得天下有道：得其民，斯得天下矣；得其民有道：得其心，斯得民矣；得其心有道：所欲与〔1〕之聚之，所恶勿施〔2〕尔也。"

——《孟子·离娄上》

注释

〔1〕与：给予，赐予。

〔2〕施：加给。

译文

孟子说："桀和纣失去了天下，是因为失去了人民；失去人民，是由于失去了民心。得天下有办法：得到人民拥护，就能得到天下了。得人民拥护也有个办法：就是赢得民心，就能得到人民的拥护了。得民心有个办法：就是人民想要的，就给他们，积聚起来给他们；人民所厌恶的，不强加给他们罢了。"

解析

孟子的民本思想影响深远，为历代儒家学者一再传承并发扬光大。

得天下与失天下，实际上是最高权力的得失。夏桀、商纣都是王天下的天子，然而他们被商汤、周武王取代，他们为什么失去天下？孟子认为，是他们失去了人民的拥戴。人民，还是原来的人民，为什么不拥戴他们了呢？是因为他们失去了民心。天下得失取决于民众的得失，民众的得失取决于民心的得失，民心的得失取决能否满足民众需求。

"得乎丘民而为天子""得民心者得天下，失民心者失天下"，这些都是中国民本思想的重要内容，这一思想成为后代许多思想的理论支撑。

载舟覆舟

马骇舆〔1〕，则君子不安舆；庶人骇政，则君子不安位。马骇舆，则莫若静之，庶人骇政，则莫若惠之。选贤良，举笃敬〔2〕，兴孝悌，收孤寡，补贫穷，如是，则庶人安政矣。庶人安政，然后君子安位。传曰："君者，舟也；庶人者，水也。水则载舟，水则覆舟。"此之谓也。

——《荀子·王制》

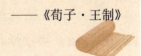

注释

〔1〕舆：马拉大车。

〔2〕笃敬：诚实谨慎；敬：谨慎。

译文

拉车的马受到惊恐，那么君子就不能安安稳稳地坐在车上；治下老百姓受到惊扰，执政者就不能安于官位。拉车的马受惊吓，就不如让马安静下来；平民百姓受到惊扰，就不如给他们实惠。选拔贤能的人，推举忠厚恭敬的人，提倡孝敬和友爱，收养孤寡之人，补助贫穷的人，如果这样，那么平民百姓就会安心政事，然后君子也就会安于其位。《传》上说："君主，是船；平民百姓是水。水能承载船只，也能倾覆船只。"说的就是这个意思。

解析

民众是水，执政者是舟，水能载舟，水亦能覆舟，这是千百年来中国先哲对君民关系最好的比喻。

民众是水，平时非常安静，柔顺，随方就圆，似乎人们可以对水为所欲为，但水不动则已，水一怒吼，掀起滔天巨浪，它可以扫荡一切，摧毁一切，没有任何力量可以阻挡！水能载舟，水能覆舟。民众，是国家政权稳定的基石，然而一旦执政者违背民意，残暴不仁，民众就会起来造反，像水一样掀起滔天巨浪，将执政者这条船打入水底。

如何让百姓感到安？荀子认为"莫如惠之"。惠之如何？"选贤良，举笃敬，兴孝悌，收孤寡，补贫穷"，可视为荀子安民的五大举措，其中两项"选贤良，举笃敬"是组织建设，"兴孝悌"是精神文明建设，道德建设，"收孤寡"是社会福利建设，"补贫穷"是社会救助措施。这五大措施一旦落地，那么受到政策惊扰的百姓就会重新安定下来，天下就可以恢复祥和安宁。

君 仪 民 影

请问为国？曰闻修身，未尝闻为国也。君者仪〔1〕也，民者景〔2〕也，仪正而景正。君者盘也，民者水也，盘圆而水圆。君者盂也，盂方而水方。君射则臣决〔3〕。楚庄王好细腰，故朝有饿人。故曰：闻修身，未尝闻为国也。

——《荀子·君道》

注释

〔1〕仪：指日晷，用来测定时刻的标杆。

〔2〕景：同影。

〔3〕射：射箭；决：射箭用具，即扳指，古代射箭时用来钩弦的象骨指套，用来钩弦。君主喜好射箭，臣下自然经常带着射箭用具。

译文

请问君主怎样治理国家？答：只听过国君问怎样修养自己的品德，没有听过国君问怎样治理国家。国君像测量时刻的标杆，民众是标杆的影子，标杆摆放得正确了，影子就会正确。君主像盆，民众是水，盆是圆形的，所盛的水自然是圆的。国君是盂，盂是方形的，水自然就是方形的。君主喜欢射箭，臣下自然会带上射箭用的决。楚庄王喜欢腰细的人，所以朝廷中就有挨饿的人。所以说：只听过国君怎样修养自己的品德，没有听过怎样治理国家。

┃解析┃

　　一位执政者，真的将人民利益放在心上，以民为本，就应将修身放在首位。

　　因为作为执政者是民众的榜样，是民众的标杆，有怎样的领导就会有怎样的人民。上有好者，下必甚焉，上行下效，《大学》有言："尧舜率天下以仁，而民从之；桀纣率天下以暴，而民从之。其所令反其所好，而民不从。"作为执政者，应时时刻刻注意自己的言行举止，注意自己的形象，为民表率，成为好榜样，不要成为坏典型。

　　一个国君管理不好自己，何以治国？何谈平天下？治国首在修身。检验一位国君以民为本真假的试金石在于看他如何修身，看其德行。

兴利除害，天下归之

用国者，得百姓之力〔1〕者富，得百姓之死者强，得百姓之誉〔2〕者荣。三得者具而天下归之，三得者亡而天下去之；天下归之之谓王，天下去之之谓亡。汤武者，循其道，行其义，兴天下同利，除天下同害，天下归之。

—— 《荀子·王霸》

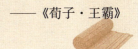

▎注释▎

〔1〕力：力量，劳力。

〔2〕誉：赞扬、称颂。

▎译文▎

治理国家的人能得到百姓的力量，国家就会富有；得到百姓拼命作战的，国家就会强大；得到百姓称颂的，国君就会荣耀。这三个条件都具备了，天下百姓就会归附；这三个条件都失掉了，那么天下百姓就会叛离。商汤、周武王都努力遵循这个原则，奉行这个道理，兴办天下人都认为有利的事，除掉天下人共同的祸害，天下人都归附于他们。

▎解析▎

治理国家离不开百姓，治国之道在顺民情，合民意，得民心，治国的目标在"王天下"。如何王天下即一统天下呢？荀子具体阐述了三大条件：其一，"得百姓之力"；其二，"得百姓之死"；其三，

民惟邦本　本固邦宁

113

"得百姓之誉"。满足这三个条件，就可以国家富足，国力强大，国君美名光耀四海，扬于天下，从而"天下归之"。

　　国富、国强、有了良好名声，就要为天下兴利除害，伸张大义于天下，前人商汤、周武王已经做出榜样，这样就可以使天下归之而"王天下"。

治民如济大川

济大川者，太上乘舟，其次泅。泅者劳而危，乘舟者逸而安，虚〔1〕入水则必溺矣。以知能治民者，泅也；以道德治民者，舟也。纵民之情谓之乱，绝民之情谓之荒〔2〕。

——荀悦《申鉴·政体》

注释

〔1〕虚：这里指没有任何凭借，白白地。

〔2〕荒：本义是田地无人耕种，这种指荒唐、荒谬。

译文

渡过宽广的河流，最好办法是乘船而过，其次是泅渡过去。泅水过河的人，劳累且危险，坐船过河的人，省力并且安全，一无凭借，跳入水中过河一定会溺水而亡。用自己的智慧与能力治理百姓，就是泅水过河的人；在道德教化中治理百姓，是坐船过河的人。放纵百姓的性情，这叫作狂乱，断绝百姓的性情，这可称为荒谬。

解析

荀悦是一位非常有智慧的思想家，他将治理百姓比喻为渡过宽广的河流，用什么办法渡河如同用什么方法治理百姓，管理国家。渡过大河的方法有两种，一种是泅渡过去，一种是乘船过去。前一种办法劳累且危险，水大浪急，可能还会丧命；第二种办法，省

民惟邦本　本固邦宁

力且安全。如果既不会游泳，也不用乘船，虚入水者一定会溺水身亡。

放在治理百姓上讲，用智慧与能力管理百姓，如泅水渡河的人，用道德教化治理百姓，如乘船渡河的人。用智慧与能力治民就是"道之以政，齐之以刑"（《论语·为政》），结果是"民免而无耻"（同上）。用道德教化治民就是"道之以德，齐之以礼"（同上），结果是民"有耻且格"（同上）。显然，荀悦继承了孔子德治主义的主张，认为道德教化高于智谋，说到底荀悦以孔子的德治反对曹操的智谋权术与严刑峻法治百姓。

民安则君安，民乐则君乐

臣闻有道之君，以乐乐民；无道之君，以乐乐身。乐民者，其乐弥长；乐身者，不乐而亡。夫民者，国之根也，诚宜[1]重其食，爱其命。民安则君安，民乐则君乐。

——三国·陈寿《三国志·吴书·陆凯传》

注释

[1]诚宜：确实应该。

译文

有道的国君，用快乐使百姓快乐；无道的国君，用快乐使自己快乐。使百姓快乐的国君，他的快乐会更长久；只是使自己快乐的国君，最后得不到快乐国家就灭亡了。百姓，是国家的根本，确实应该重视百姓的温饱，爱惜他们的生命。百姓安定，那么国君就会安定，百姓快乐，那么国君就会快乐。

解析

陆凯，字敬风，三国时期吴国人。东吴后期重臣、名将，官至左丞相，陆逊是他的叔叔，陆抗是他的族弟。他以正直及屡次劝谏吴主孙皓而闻名。

陆凯认为，百姓是国家的根本。作为国君实在应该重视百姓的生活，爱惜百姓的生命，以百姓快乐为快乐，而不能刻薄天下百姓供一己之乐。他明确告诉吴主孙皓，"民安则君安，民乐则君乐"。

没有人民的幸福，国君不会有幸福，人民感受不到快乐，国君不会有快乐。

　　"乐民之乐者，民亦乐其乐，忧民之忧者，民亦忧其忧"（《孟子·梁惠王下》），作为国君是极一身之欲，只想到自己的快乐呢？还是放弃自己一身、一时之乐，去满足百姓的快乐呢？这是有道之君与无道之君的区别。有道之君明白，百姓不快乐，国君何乐之有？国君欲想获得快乐，先使百姓快乐。

为君之道，先存百姓

贞观〔1〕初，太宗谓侍臣曰："为君之道，必须先存百姓。若损百姓以奉其身，犹割股以啖腹，腹饱而身毙。……朕每思伤其身者不在外物，皆由嗜欲以成其祸。若耽〔2〕嗜滋味，玩悦声色，所欲既多，所损亦大，既妨政事，又扰生人。"

——《贞观政要·论君道第一》

注释

〔1〕贞观：唐太宗李世民的年号。

〔2〕耽：沉溺。

译文

贞观初年，唐太宗对侍臣们说："作为国君的原则，必须优先考虑百姓。如果用损害百姓的方式满足自己的享乐，那就像从自己腿上割肉来喂养肚子一样，肚子填饱了而人却死了。……我常想损伤身体的东西并不是身体之外的东西，都是由于自己贪欲才酿成的灾祸。如果一味沉溺于吃喝，沉湎于声色，那么这些欲望越多，所受到的损害也就越大，这样既妨害国家大事，又扰乱百姓。"

解析

唐太宗作为一代明君，对为君之道有深入的思考。他清醒地意识到，作为国君应优先考虑百姓的利益，而不是损害百姓的利益以满足个人的私欲。"若损百姓以奉其身，犹割股以啖腹，腹饱而身毙"，这是一个十分高明的见解。这就告诉人们，国君与百姓是一体的，是利益攸关的，损害百姓就是损害自己，残害百姓就是残害自己，将百姓剥削殆尽，国君的生命也就结束了。

在这里李世民向世人传达了两条信息：一是民利优先，二是君民一体。站在统治者的角度能有如此认识，我们认为，无论他的动机、出发点是什么，都是非常宝贵的。"太宗自即位之始，霜旱为灾，米谷踊贵，突厥侵扰，州县骚然。帝志在忧人，锐精为政，崇尚节俭，大布恩德。"（《贞观治要·论政体第二》）贞观之治的出现与李世民的为君之道是分不开的。

有道则人推而为主　无道则人弃而不用

　　贞观六年，太宗谓侍臣曰："……朕既在九重〔1〕，不能尽见天下事，故布之卿等，以为朕之耳目。莫以天下无事，四海安宁，便不存意。可爱非君，可畏非民。天子者，有道则人推而为主，无道则人弃而不用，诚可畏也。"

——《贞观政要·论政体第二》

注释

　　〔1〕九重：九道、九层，这里指深宫。

译文

　　贞观六年，唐太宗对侍臣们说："我既然身居深宫，不可能对天下的事情都能看到，所以委托卿等，作为我的耳目了解下情。千万不可以为天下无事、四海安宁就不在意。可爱的是百姓批评国君，可怕的是在上位的人为难百姓。做天子的，有德行则百姓就拥戴他做国君，没有德行，百姓人们就把他废弃而不用。这真可怕啊！"

解析

　　李世民之所以是位明君，在于他能认识到自己的不足，即身居深宫，对天下的事情不能亲眼所见，亲耳所闻，不能深入地了解政情民意。他要求近臣作为自己的耳目，以便了解天下真实情况。

　　"可爱非君，可畏非民"，这一思想非常可贵！"非君"就是批

民惟邦本　本固邦宁

评国君，李世民认为没有比"非君"更可爱的，这说明李世民有容人之量。作为一位皇帝，能将"非君"视为是好事，是可爱之事，足见其胸襟与气度，开诚与无私。"可畏非民"，可怕的是居于上位，不知民间疾苦，却一味指责百姓，刁难百姓，制造民怨。

君有为君之道，君有君的标准，合乎君之道，人推而为君，不合乎君之道，人废而不用，这说明李世民有危机意识。君权不是神授的，不是定然的，而是或然。不是神授，而是人推。"得乎丘民而为天子"（《孟子·尽心下》）。

凡吏皆民之役

凡吏于土者〔1〕，若知其职乎？盖民之役〔2〕，非以役民而已也。凡民之食于土者，出其什一佣乎吏，使司平于我也。今我受其直，怠其事者，天下皆然。岂惟怠之，又从而盗之。向使佣一夫于家，受若直，怠若事，又盗若货器，则必甚怒而黜罚之矣。

——唐·柳宗元《送薛存义序》

注释

〔1〕凡吏于土者：所有在地方上做官的人。吏，做官，作动词用。

〔2〕民之役：百姓的仆役。役，仆役，作名词。

译文

凡是在地方上做官的人，你知道你的职责吗？你们是百姓的仆役，并不是让你们来奴役百姓。凡是在地方生活的人，都拿出收入的十分之一来雇用官吏，目的是让官吏为自己主持公道。现在做官的人接受了百姓的俸禄，却慢怠百姓的事情，天下官吏都这样。难道仅仅是慢怠百姓吗？而且还有贪污、敲诈等行径。假若雇一个干活的人在家里，接受了你的报酬，不认真替你干活，而且还盗窃你的财物，那么你一定会非常恼怒而且会赶走、处罚他。

│解析│

柳宗元是唐代著名的文学家、政论家。他为了表彰他的同乡兼好友代理零陵县令薛存义写下了《送薛存义序》。

柳宗元在文中提出了"官为民役"的进步观点。"凡吏于土者，若知其职乎？盖民之役，非以役民而已也。"在他看来，官吏为民之役即为人民服务是自己的天职，责无旁贷。人民是主人，官吏是奴仆，这一说法无异于寒夜里的一声惊雷，震倒天下官吏！他认为人民与官吏应当是雇用与被雇用的关系。民众拿出收入的十分之一来雇用官吏，官吏是人民养活的，而不是相反，人民养活官吏目的是让官吏为自己主持公道。而官吏接受了百姓的俸禄，却慢怠百姓，而且还有贪污、敲诈等行径，官吏就丧失了自己的职守！官吏只有"早作而夜思，勤力而劳心"，做到"讼者平，赋者均"，才是称职的官吏。

人民对于不称职的官吏，有权解除雇佣关系即对不称职的奴仆可以惩罚他们，罢免他们。当然，这种政治主张他那个时代是无法实现，但它反映了人民的强烈心声，有着重要的当代价值与现实意义。孙中山先生明确提出官员是人民的公仆，追溯其源，柳宗元的"官为民役"的思想可谓发其先声。

天之树君，本为下民

天之树君，本为下民。故孟子谓"民为重，君为轻"[1]，《书》亦曰"天视自我民视，天听自我民听"。以是论之，则天之道恒在于下，恒在于不足[2]也。君人者，不求之下而求之高，不求之不足而求之有余，斯其所以召天变也。

——《元史·许衡传》

注释

〔1〕民为重，君为轻：孟子原文是"民为贵，社稷次之，君为轻"。

〔2〕不足：《老子》七十七章有"天之道，损有余而补不足。人之道则不然，损不足以奉有余"。不足，这里指百姓、下层民众。

译文

上天树立国君，本来就是为了下层百姓。所以孟子说："民众最为重要，国君比较轻微。"《尚书》也说："天的观察自来民众的观察，天的听闻来自民众的听闻。"以这种观点来看，那么上天永远关注下层百姓，永远关注穷困不足的人。作为领导人，不关注社会的下层民众而关注于上层的贵族，不关注困乏不足的穷人而关注财富有余的富人，这样就招致了天变反常。

解析

设立国君，建立政府机关，是为了谁？许衡回答"本为下民"。

"天之树君，本为下民"，这八个字有着特别意义，给我们留下重要信息。天之树君，不是为了君，也不是为了上层贵族集团，而是为了下层民众。许衡精通天文、历算，与郭守敬等人一起，制订了《授时历》。在天人感应的思维框架下，天文、历算是为政治服务的。如何解决异常的天象，考验着天文学家的政治智慧。

许衡用《老子》思想解释儒家的民本观念，《老子》曾言"天之道，损有余而补不足。人之道则不然，损不足以奉有余。孰能有余以奉天下，唯有道者"。体现天道，合乎天道，就是关注下民，而不是在上位者。作为国君，要"能有余以奉天下"，以奉下者，知民间疾苦病痛。天象异常，招致天变，恰恰在于国君没有与天道合一，而是背离了天道，即"不求之下而求之高，不求之不足而求之有余"，只照顾上层、富人需求而没有听从下层百姓与贫穷人们呼声。用科学的眼光看许衡的解释当然不合乎现代科学的规范，但在天命信仰布满中国的社会里，这一解释却是最有利于下层民众即百姓的解释。

第四篇

顺民

孙中山先生曾谓："世界潮流，浩浩荡荡，顺之则昌，逆之则亡。"从民本这一层面套用中山先生的话说：天下大势，浩浩荡荡，顺民心则昌，逆民心则亡。中国先哲再三告诫执政者，民众作为人类中的"大族"，存有巨大的能量，是"至贱而不可简""至愚而不可欺"，既不可与民为仇，更不可与民为敌，因为人民是不可战胜的。作为执政者，一定要懂民心，顺民意，知民情，以百姓的情感为情感，以百姓的好恶为好恶，忧民之忧，乐民之乐，才是天下国家长治久安之道。

防民之口，甚于防川

防民之口，甚〔1〕于防川；川雍〔2〕而溃，伤人必多。民亦如之。是故为川者，决之使导；为民者，宣之使言。

——《国语·周语上》

注释

〔1〕甚：超过。

〔2〕雍：堵塞。

译文

堵住百姓的嘴巴，不让百姓说话，比堵塞河道还要危险。河流堵塞后一旦决堤，受到伤害的人一定会很多，堵百姓之口也是这样。因此治水的人疏通河道使它畅通，治理百姓，只能引导他们而让人畅所欲言。

解析

周厉王作为西周第十位国君，巧立名目，对百姓剥削无所不用其极，而且不让百姓说话。百姓如果有怨言，派出特务，到处抓捕，到头来，终于被民众驱逐、流放，引来中国历史上第一次周召共和。召公，作为周王室的大臣曾反复劝谏周厉王弭谤的结果会招致更大的反抗，这段文献出自召公劝谏周厉王的谏词中。

对待民意，是宣导，还是封堵？是对执政者领导艺术与执政能力的一种考验。历史一再说明，也许还会继续说明，那些害怕民意，担心百姓议论，动辄采取高压手段压制民众言论的措施，实际上是最愚蠢的做法。它堵塞下情上达，使执政者的错误的政策不能得到及时纠正，从而加剧社会矛盾。当民意不能得到宣泄，但仇恨的怒火在心里不断积聚到达临界点时，大规模的暴乱必然爆发，给社会生产力造成极大破坏，这就是防民之口，甚于防川。召公之谏，言简意赅，发人深省！

民不畏死

民不畏死，奈何以死惧之。若使民常畏死，而为奇〔1〕者，吾得执〔2〕而杀之，孰敢？

——《老子·第七十四章》

注释

〔1〕为奇：奇，诡异，为奇指作恶的人。

〔2〕执：抓捕。

译文

人民不畏惧死亡，怎么能用死亡来恐吓他们呢？假设人民真的畏惧死亡的话，对于为非作歹的人，把他们抓来杀掉，谁还敢为非作歹？

解析

"民不畏死"，这不是理论问题，而是现实问题；不是哲学问题，而是政治问题。老子对于这一问题问执政者弄懂了吗，想明白了吗？总是有人希望武力威慑，用杀伐来解决问题，老子发问："奈何以死惧之？"怎么能用死亡来吓唬老百姓呢?！用死亡来威胁百姓，有用吗？当然百姓生活在水深火热之中，当他们感到生不如死的时候，他们会怕死吗？死都不怕，一切威胁失效。

《老子》指出：假设百姓畏惧死亡的话，把为非作歹的人，抓来杀掉，谁还敢为非作歹？事实上，执政者杀了不少人，严刑峻

民惟邦本　本固邦宁

法，花样不断翻新，但为非作歹的人并没有减少，反而在每天增多，这怎么办？老子发现了问题，但解决不了问题。

儒家文化有办法，这个办法就是富之、教之，解决民生问题，让他们乐岁终身饱，然后"道之以德，齐之以礼"（《论语·为政》），生活有滋味，当然就不会铤而走险了。

与民偕乐

文王以民力为台为沼，而民欢乐之，谓其台曰灵台，谓其沼曰灵沼，乐其有麋鹿鱼鳖。古之人与民偕乐，故能乐也。《汤誓》〔1〕曰："时日害丧，予及女偕亡。"民欲与之偕亡，虽有台池鸟兽，岂能独乐哉？

——《孟子·梁惠王上》

注释

〔1〕《汤誓》：《尚书》中的一篇。《汤誓》记载商汤讨伐暴君夏桀的誓词。

〔2〕时日害丧，予及女偕亡：这是百姓诅咒夏桀的话，时：这；害：同"曷"，何时的意思；意思是说这个太阳何时才消失，我与你同归于尽。

译文

周文王虽然动用民力兴建高台深池，百姓却十分高兴，把他的高台叫"灵台"，把他的深池叫"灵沼"，还为文王拥有这些禽兽鱼鳖感到高兴。古代的贤人能够与民同乐，所以他自己也能得到真正的快乐。《尚书·汤誓》中说："这个太阳（指夏桀）什么时候灭亡啊，我们愿意与你同归于尽。"百姓都要与他同归于尽，即使他有高台深池、珍禽异兽，难道他能享受这些东西给他带来的快乐吗？

|解析|

　　有德者有乐，无德者即使拥有天下之财富也不会快乐。历史是一面镜子，可以照鉴当下与未来。周文王要建台建沼，百姓无不欢乐之，主动助其完成之。为什么呢？因为文王之台是天下人之台，文王之沼是天下人之沼，文王之禽兽鱼鳖天下皆可观赏之，文王与民同乐，故而文王才能真正获得此乐。相反，夏桀自比太阳，以为自己可以光照天下，独享天下一切，结果天下百姓诅咒他，甚至想与他同归于尽。即使他拥有一切，但他能快乐吗？

　　作为执政者，与民偕乐是他的德，有德才能有乐；不与民偕乐是无德，无德而想独享其乐，甚至刻薄天下之人以成自己之乐，天下人共诛之，其福何存？与民偕乐是孟子民本思想的重要方面，是他向一切统治者发出的呼吁，这一呼吁至今仍然不过时，还值得人们深思。

乐民之乐，忧民之忧

乐民之乐[1]者，民亦乐其乐；忧民之忧者，民亦忧其忧。乐以天下，忧以天下，然而不王者，未之有也。

——《孟子·梁惠王下》

注释

〔1〕乐：快乐，动词。乐民之乐即以百姓之快乐为乐。

译文

（国君）以百姓的快乐为自己的快乐，百姓也会以他的快乐为自己的快乐；（国君）以百姓的忧愁为自己的忧愁，百姓也会以他的忧愁为自己的忧愁。以天下人的快乐为自己的快乐，以天下人的忧愁为自己的忧愁，这样还不能够使天下归附的事，是从来不会有的。

解析

孟子告诉齐宣王，只有与民同乐，才能得到真正的快乐，否则，天下百姓诅咒，作为当政者就没有幸福、快乐可言。正是乐民之乐者，民亦乐其乐；忧民之忧者，民亦忧其忧。将百姓的快乐放在心头，以百姓之快乐为自己的快乐；将百姓的忧愁放在心上，以百姓的忧愁为自己的忧愁，心里始终装着百姓，真正做到民之所好好之，民之所恶恶之（《礼记·大学》），以百姓之好恶为自己之好恶，这种是情为民所系。乐以天下，忧以天下，这样可以"王天下"。

　　如果当政者沉溺于自己的欢乐，而不顾百姓的快乐，而百姓目睹当政者欢乐而自己却生活在水深火热之中，百姓就会怨恨国君、批判国君，孟子认为以下非上不对，而国君不体贴百姓，一味苟且贪欢也不对；这会引起君与民的对立、仇恨，这样国家会有太平吗？当政者还能有其乐吗？

出言不逆民心

人主出言不逆于民心，不悖〔1〕于理义，其所言足以安天下者也，人惟恐其不复〔2〕言也；出言而离父子之亲，疏君臣之道，害天下之众，此言之不可复者也，故明主不言也。故曰："言而不可复者，君不言也。"

——《管子·形势解》

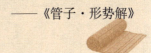

注释

〔1〕悖：违背、相反。

〔2〕复：反复、重复、多次、兑现承诺。

译文

人君说话不能违背民心，不能违背礼义，他所说的话足以能安定天下了，人们只担心他不多说。如果开口说话使父子不亲近，使君臣疏远，伤害天下的大众，这种话不应再说了，所以这种话作为英明的国君是不讲的。所以说："说话而不能兑现，国君是不说的。"

解析

作为执政者，尤其是最高执政者，出口讲话，关系到整个治下的大众，社会的定安，说话要慎重。在《管子》作者看来，国君开口说话，最根本的是不能违背民心，要合乎道理，有了这两条他所说的话就足以安天下，人们期望这种话国君多说，反复说。

作为最高执政者，说出的话违背礼义，使人们父子不亲，君臣疏远，伤害天下大众，在百姓看来，国君应立即闭嘴。

中国政治传统是君无戏言，执政者出台政策，颁布政令，发表讲话，都要反复斟酌，然后出台、发布。依中国政治传统，即使是"推特治国"，至少出言发令，既需要顺民心，也需要合礼义。

好民所好，恶民所恶

《诗》云："乐只君子，民之父母。"民之所好〔1〕好之，民之所恶〔2〕恶之，此之谓民之父母。

——《礼记·大学》

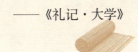

注释

〔1〕好：喜欢。

〔2〕恶：厌恶。

译文

《诗经·小雅·南山有台》说："温和而快乐的君子啊，真像人民的父母。"人民所喜好的他也喜好，人民所厌恶的他也厌恶，这可称为百姓的父母。

解析

作为执政者尤其是国君要像父母一样慈爱，长之育之，在情感上，做到"民之所好好之，民之所恶恶之"。能以民心为己心，人民的喜好便是他的喜好，人民的厌恶便是他的厌恶，用今天的话说：情为民所系。

人民的父母官，对待百姓如同自己的儿女，这叫作爱民如子。百姓反过来，同样会喜欢、爱护自己的父母官，爱之如父母。在中国人的观念里，家是缩小的国，国是扩大的家，家国同构或家国一体是传统观念，在国这个大家中，国君是父母官，百姓是子民，国君只有换位思考，易地而处，以百姓之心为心，才能将国这个"家"治理好，才能让国家兴旺发达。

言而不信，则民不附

言之不可复者，其言不信也。行之不可再者，其行贼暴[1]也；故言而不信，则民不附；行而贼暴，则天下怨；民不附，天下怨，此灭亡之所从生也，故明主禁之；故曰："凡言之不可复，行之不可再者，有国者之大禁也。"

——《管子·形势解》

注释

[1] 贼暴：残暴。

译文

不可以重复说的话，是没有信用的话；不可以再做的事，是残暴害人的事。所以拥有国家政权的人说话不讲信用，那么人民就不肯归附；做事残暴害人，天下就怨声载道。人民不归附，天下怨声载道，这是灭亡之所以发生的根源，所以这是英明国君坚决禁止的。所以说："一切不可兑现的话，一切不能再为的残暴之行，这是拥有国家政权的人的最大禁忌。"

解析

对于执政者而言，对民众说话讲信用，行为良善，这是最起码的要求。不能兑现的话不说，残害百姓的事不做，这个应该不难吧。对执政者而言，说话不讲信用，百姓就不会归附，有残暴之行，则天怒人怨，这样两种情况同时出现，这个政权离垮台就不

民惟邦本　本固邦宁

远了。

　　以民为本，对于执政者来说，说起来并不复杂。说话对百姓讲信用，做事充分考虑百姓的利益，最起码，不害百姓。以民为本，对执政者而言，从修身做起，修身不过"言忠信，行笃敬"（《论语·卫灵公》）而已。

不可与民为仇

夫民者，至贱而不可简〔1〕也，至愚而不可欺也。故自古
至于今，与民为仇者，有迟有速，而民必胜之。

——西汉·贾谊《新书·大政上》

注释

〔1〕简：粗暴、慢怠。

译文

对于百姓，即使是地位极低的人，也不可以简慢，即使是最愚
笨的人，也不可以欺骗。所以从古到今，凡与人民为敌的，人民最
终一定会胜利。

解析

贾谊是西汉初期杰出的政论家。他从秦王朝"一夫作难而七庙
隳，身死人手，为天下笑"（贾谊《过秦论》）的客观事实中，感受
到民众力量的强大，秦王朝覆灭的关键不在于得罪于王公贵族，而
是得罪了天下百姓；对秦王朝作难的是陈涉等"一夫"，而不是什
么血统高贵、博学多才之士，因而他正告统治者"不与民为仇"。

百姓是是处于社会最底层的存在，可谓"至贱"；百姓，在教
育不发达的古代，没有受过什么学历教育，也没有多少学问，但每
一个百姓都尊严，都有不可侵犯的人格底线，一旦冒犯了百姓的尊
严，触犯了他们的底线，他们就会豁出命来进行抗争，可以说是无

民惟邦本　本固邦宁

坚不摧！民众，至贱而不可简慢，至愚而不可欺骗。

　　贾谊总结历史经验，认为自古及今，凡是与民为仇者，有快点或慢点，有时间长点或短点，民众一定取得胜利。也许民众只是改朝换代的工具，但前朝被推翻、被战胜则是历史事实。

顺民心，故功名成

先王先顺民心，故功名成。夫以德得民心以立大功名者，上世多有之矣。失民心而立功名者，未之曾有也。得民必有道，万乘之国，百户之邑，民无有不说〔1〕。取民之所说而民取矣，民之所说岂众哉？此取民之要也。

—— 《吕氏春秋·季秋纪·顺民》

注释

〔1〕说：同"悦"，高兴、欢喜。

译文

先王治理天下，首先顺乎民心，所以功成名就。依靠仁德赢得民心而建立大功、成就美名的人，上古时代这样的人还真不少。失去民心而建立功名的却不曾有过。获得民心一定有方法，无论是拥有万辆兵车的大国，还是仅有百户的小邑，人民没有不喜欢的。只要赢得百姓喜悦而民心就获得了。人民所喜悦的事难道会很多吗？这是取得民心的关键。

解析

《吕氏春秋》顺民心的思想是对孟子得民心思想的继承与发展。

天下得失在于民心得失，而天下治理在于顺民心而治，逆民心天下则不得治。顺民心就能成就大业，名垂青史，失去民心而成就功业是从来没有的。

顺民心，首先要得民心，如何得民心？《吕氏春秋》认为得民心有道。无论地方千里，兵车万乘之君，还是百户人家的偏远小邑，这个道就是让百姓心情舒畅，心里高兴，一旦"民无有不悦"，就得到民心了。

民之所走，不可不察

大寒既至，民暖是利；大热〔1〕在上，民清是走。是故民无常处，见利之聚，无之去。欲为天子，民之所走，不可不察。今之世，至寒矣，至热矣，而民无走者，取则行钧〔2〕也。欲为天子，所以示民，不可不异也。……故当今之世，有仁人在焉，不可而不此务，有贤主，不可而不此事。

——《吕氏春秋·仲春纪·功名》

注释

〔1〕大热：即炎热。

〔2〕钧：通"均"，一样。

译文

严寒到了，人民就追求温暖；酷暑当头，人民就奔向清凉之地。因此，百姓没有固定的居所，利益聚集的地方他们就去，没有利益的地方他们就离开。想要成为天子的人，对于人民趋向不可不认真分析与考察。当今的情形，可以说是寒冷到了极点，炎热到了极点，可是人民之所以还没有奔向谁，是由于大卜国君的德行都差不多罢了。所以，想做天子的人，他展示给天下百姓的东西，一定与这些国君有所区别。……在今天的世上，如果有仁义之人在这里，不可不勉力从事这件事，如果有贤明的国君，不可不致力于这件事。

民惟邦本　本固邦宁

|解析|

　　寒而欲暖，热而欲凉，这是自然人性。利之所在，民众聚之，利之所去，民众散去，同样是人性的天理自然。

　　想"王天下"，成为天子的人，必须明白民众的趋向，尤其是心理趋向，展现出不同于一般诸侯国君的所在，让百姓心向往之。如像桀、纣那样，虽然"贵为天子，富有天下"（《吕氏春秋·仲春纪·功名》)，但"尽害天下之民"（同上），一定失去天下，决不能以贤称颂他们。

　　作为英明的国君，抱有王天下的理想，明白老百姓最需要什么，最讨厌什么，救百姓于水火之中，维护百姓的切身利益，给百姓带来实实在在的实惠，天下百姓才会归附之，才有王天下之可能。

有雠而众，不若无有

先王之使其民，若御良马，轻任新节[1]，欲走不得，故致千里。善用其民者亦然。民日夜祈用而不可得，苟得为上用，民之走之也，若决积水于千仞之溪，其谁能当之？《周书》曰："民，善之则畜[2]也，不善则雠[3]也。"有雠而众，不若无有。

——《吕氏春秋·离俗览·适威》

注释

〔1〕新节：即新策，用初生枝条制成的马鞭，称新节。

〔2〕畜：通"慉（xù）"，喜爱，友好。

〔3〕雠：仇的异体字，仇敌，仇人。

译文

先王使用百姓，就像驾驭良马一样，让马拉着轻载，手里拿着马鞭，马想尽情跑也办不到，所以能达到千里远的地方。善于役使自己的百姓的人也是这样。百姓日夜盼望自己的才能被使用却得不到，如果一旦被使用，百姓为国君奔走，就像万丈积水从溪口中冲决而出，谁能阻挡得住呢？《周书》上说："百姓，善待他们，他们就和君主友好，不善待他们，他们就和君主成为仇人。"有仇人众多，还不如没有的好。

解析

"抚我则后，虐我则仇"（《尚书·泰誓》），这是百姓、人民对

149

待执政者最直接、最坦率的表白。在百姓、民众的心目中，国君你安抚我、爱护我，我就奉你为国君，你虐待我、残害我，就是我的仇敌。

执政者必须明白，只有善待百姓，才能得到百姓的拥戴，百姓才会为你奔走，为你所使用，不善待百姓，甚至虐待百姓，百姓就会将执政者视为仇敌，国君与百姓的关系是相互的，不是单方面的义务和责任。百姓有力量，有才能，希望为国君所用，但国君要善于使用，像先王使用百姓，"若御良马，轻任新节，欲走不得，故致千里"，否则负担过重，鞭子太重，千里马也会被累死，对百姓压迫太重，催赋太急，百姓不会为其所用。

执政者一旦与百姓关系处僵了，形成了尖锐对立关系，百姓越多，仇敌就越多，对于执政者就越不利，如此，"有雠而众，不若无有"。

养民得民心

故自养得其节〔1〕，则养民得其心矣。所谓有天下者，非谓其履势位，受传籍〔2〕，称尊号也，言运天下之力，而得天下之心。纣之地，左东海，右流沙，前交趾，后幽都，师起容关，至浦水，士亿有馀万，然皆倒矢而射，傍戟而战。武王左操黄钺，右执白旄以麾〔3〕之，则瓦解而走，遂土崩而下。纣有南面之名，而无一人之德，此失天下也。

—— 《淮南子·泰族训》

注释

〔1〕节：好廉自克曰节，节制、节操。

〔2〕传籍：祖上传下的地图和典册，包括疆域、土地、户口、税收等方面的图书。

〔3〕麾：古代军队用的旗帜，麾下即将旗之下，听从指挥。

译文

自我修养可以获得节操，那么养育百姓就得到百姓的真心拥戴。所谓拥有天下，不是说只拥有天子权势、得到传国玉玺和图籍、获得帝王的尊号，而是说还能够运用天下的力量，得到天下民众的支持。纣王掌握的地域国土，东到东海，西至流沙，南到交趾，北至幽都，军队从容关布局，可以达到浦水，士卒达十万之多，可是这些士兵最终掉转弓箭、倒戟攻打纣王。周武王左手握着黄钺，右手挥动白旄指挥士兵，纣王的部队就土崩瓦解，败逃投

降。纣王空有南面称王的虚名，却没有一个帝王应有的德行，这是
纣王失去天下的原因。

▎解析▎

　　得民心者得天下，这几乎是古代思想家的共识。但如何得民
心，不同思想家从不同的角度，得出了不同说法，《淮南子》"养民
得民心"可以说是一种别出心裁的表达。

　　得天下并不说得天子之位，获天子之权柄，获得天下之土地与
人民，享有天子的尊号，这些东西是天子的标志，但这些标志是外
在的。天子的意义是"运天下之力，而得天下之心"。运用天下的
力量，获得天下人的真正爱戴，以养育人民，以成就天下大业。

　　商纣王虽为天子，最终之所以失天下，周武王之所以得天下，
关键在于得民心与失民心。纣王不修养自己，一味听任天命，徒有
南面称王的虚名，却没有一个帝王应有的德行，这是他失去民心、
失去天下的主要原因。

民者弱不可胜，愚不可欺

圣王宣德流化〔1〕，必自近始。朝廷不备，难以言治；左右不正，难以化远。民者，弱而不可胜〔2〕，愚而不可欺〔3〕也。圣主独行于深宫，得则天下称诵之，失则天下咸言之。

——《汉书·王吉传》

注释

〔1〕宣德流化：宣扬仁德，流播教化。

〔2〕弱而不可胜：弱小但不可战胜。

〔3〕愚而不可欺：愚昧但不可欺侮。

译文

圣王宣扬仁德推行教化，一定从自己的近处开始。朝廷德政不备，难以谈论治理；左右的大臣不端正，难以教化远处的百姓。人民，虽然柔弱但不可战胜，虽然愚昧但不可欺侮。圣明的国君独自在深宫里处理政事，政策得当天下人都会称颂他，政策失当天下人全都会议论他。

解析

此句出自西汉博士、谏大夫王吉给汉宣帝的上疏。王吉，字子阳，西汉时琅琊人。西汉经学博士，官至谏议大夫。以为官清廉、敢于直谏而著称。王吉认为，英明国君广播仁德，推行教化，实现天下国家的有效治理，一定从自己的身边做起，从朝廷做起，由近

民惟邦本　本固邦宁

及远，从上到下，教化流播就会风行草偃。

人民大众离宫廷最远，地位最低，然而，作为最高统治者决不能无视人民的力量，个体的民众是弱小，但人民力量一旦汇聚起来，坚不可摧，不可战胜。人民看起来很愚昧的样子，但不可欺侮，欺侮人民大众一定会遭到民众的唾弃！王吉沿荀子的载舟覆舟之喻，贾谊"民不可敌"之说，进一步阐明民本思想，正告统治者管好自己身边的人，管好左右大臣，管好朝廷百官，选贤任能，清廉俭朴，爱惜财力，以整顿吏治，淳厚民风，才能得到人民的拥护，国家才会兴旺发达，江山才能永固。

"宣德教化，必自近始""民弱而不可胜，愚而不可欺"，对于我们今天仍然有借鉴意义。有些领导干部失去了初心，心中没有人民，个人生活作风上鲜廉寡耻、贪鄙成风，从而无法约束自己身边的人，反腐倡廉就无从谈起。教化从自身做起，从身边的人教化起，从领导团队做起，才可能出现民风淳朴、家风优良、乡风文明的局面。领导干部一定要重视人民群众的意见，倾听人民的心声，关心人民群众，自觉地走群众路线，想人民之所想，爱人民之所爱，好人民之所好，恶人民之所恶，"吉凶与民同患"（《周易·系辞》），就一定能得到人民的拥戴。

平易近民，民必归之

周公曰：不简不易，民不能近。平易近民，民必归之。盖必至平至易，俾[1]民可近，而后民得以尽其情[2]。上得民情，而后可言治理也。故朱子揭出平易近民四字，谓为治之本，端在是也。

——清·袁守定《图民录·平易近人》

注释

〔1〕俾：使。
〔2〕情：真实情况。

译文

周公说，政令不简明不平易，百姓就无法亲近。政令简明平易，贴近百姓，百姓就会归附。大概一定最为平常最为容易，使百姓可以亲近，然后百姓可以充分展现自己的真实情况。执政者得到了百姓的真实情况，然后才可以说国家治理。所以朱子特别提出平易近民四字，说四字是治理的根本，治理的起点在这里。

解析

《史记·鲁周公世家》载：姜太公封于齐，短短五个月，就向周天子呈送施政报告。而鲁公伯禽经过三年时间，才向周天子呈送施政报告。姜太公治齐简易，鲁公治鲁烦琐，周公断定：鲁国后世将会北面事齐，理由是"夫政不简不易，民不有近；平易近民，民

民惟邦本　本固邦宁

155

必归之"。

　　任何政令、措施都应贴近百姓，简单明白，不能故作高深，更不能烦琐，让百姓不得要领。政令简捷，贴近百姓，百姓才能信服，执行起来不至于发生歧义，导致执行困难。刘邦入咸阳，去秦政之繁苛，约法三章，平易近民，终有汉四百年天下。

第五篇

爱民

民是国家之本，如何固这个本？先哲告诉我们，固本首在爱民惜民，悯民哀民。民惟邦本，爱民就是爱国之本，惜民就是惜国之本，而损民就是损国之本，害民就是害国之本。爱民是以国君为代表的统治集团的基本政治操守，也是为官作宰的本分。爱民一方面要『视民如伤』，同情百姓的痛苦，另一方面『如保赤子』，照顾、关心、抚慰百姓。对于官员而言，只是『爱民如子』不够，『爱民如身』尚存在不足，只有『重民轻身』即像商汤、邾文公那样损身以爱民才是爱民的最高境界。爱民才能获得民爱，为民众的利益奋斗，民众才会为执政者的利益而奋斗。不同的时代爱民的主观动机可能不同，但对于执政者而言，任何时代都应将爱民作为执政团队的核心理念。

国之兴也，视民如伤

国之兴也，视民如伤[1]，是其福也。其亡也，以民为土芥[2]，是其祸也。

——《左传·哀公元年》

注释

[1] 伤：伤痛。

[2] 土芥：土块与枯草。

译文

国家要兴盛了，一定会把百姓当作伤员病号一样照顾，这是国家的福祉。国家要败亡了，老百姓被当成泥土草芥，这是国家祸害。

解析

这是春秋时期陈国的大夫逢滑对陈怀公讲的话。

鲁定公四年，吴国攻入楚国，吴王夫差召陈怀公。陈国是小国，一向与楚国交好，吴国攻入楚国后召陈怀公，陈怀公在支持楚还是支持吴的问题上举棋不定。大夫逢滑对陈怀公说出了一番国家兴衰存亡的道理。他认为楚国虽然没什么德行，但也没有伤害百姓；而吴国虽然获胜，但穷兵黩武，百姓遭殃，不修其德。吴国必然会灭亡，楚国复兴还有望，劝陈怀公不要做出背楚从吴的傻事。

"国之兴也，视民如伤"由此成为千古名言，也是执政者同情、怜悯百姓的具体体现。国家崛起，国家要振兴，一定要把百姓看作受伤者那样加以爱护，不能折腾他们。"其亡也，以民为土芥"，国家将要衰亡，一定不重视百姓，视百姓如土块，如枯草。"视民如伤"是国之福，"以民为土芥"是国之祸。视民如伤是国君之德，视民如芥是君无德，有德即有福，无德则有祸。

"视民如伤"是一种民本情怀，在今天作为执政者也应常怀此心。

节 用 而 爱 人

子曰:"道〔1〕千乘之国,敬事而信,节用而爱人〔2〕,使民以时。"

——《论语·学而》

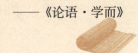

注释

〔1〕道:通"导",意即引导、领导、治理。

〔2〕爱人:即爱护人民。

译文

孔子说:"治理拥有一千辆兵车的国家,严肃、认真地对待各种政事,而且要讲信用,节省费用且爱护人民,使用百姓不误农时。"

解析

千乘之国,不是大国,也不是小国,春秋末期就是中等之国。如何治理一个中等国家,孔子告诉一切从政者要坚守三个原则,第一,敬事而信,第二,节用而爱人,第三,使民以时。

"敬事而信"是对执政者而言的,处理政事要严肃认真,一丝不苟,作为执政者代表着国家,体现着行政团队的形象,民无信不立,个人是如此,国家更是这样。

"节用而爱人",节用财政,爱护人民,这是执政者的基本素养。侈靡和浪费都是对国家的不负责,对人民的犯罪。节约用度,爱护人民是执政者的基本责任。

　　使民以时对执政者而言，至为关键。在传统的农业社会里，农业生产是立国之本，农业生产特别强调时效性，所谓人误地一时，地误人一年。使用百姓，无论是服兵役，还是修城、挖沟、筑楼台亭阁，一定放在农闲时节，否则会严重影响农业生产。

问人不问马

厩〔1〕焚。子退朝，曰："伤人乎?"不问马。

——《论语·乡党》

注释

〔1〕厩：马棚。

译文

马厩失火了。孔子退朝回来，问："伤到人了吗?"没问马怎么样了。

解析

孔子在鲁国官至大司寇，曾一度摄相事即担任过三个月的代理宰相。有一次在朝堂议论完政事回家，知道马棚烧了，只问伤到人没有，没有问马。马棚里的人肯定不是贵族，而是喂马、养马的仆人甚至是奴隶，但在孔子眼里，即使平民百姓，哪怕是奴隶，他们的生命都比马重要得多，甚至是无法比拟的。

在孔子看来，人的价值是绝对的、唯一的，天地之生，人为贵，任何生灵的价值都无法与人的价值相提并论，故而孔子问人不问马。马是财富，是工具，人是价值，是目的，马不能与人放在一起相比较。任何一位执政者都应明白，人才是国家的根本，财富是为人所服务的，或者说是服务于人的，故而孔子问人不问马。

当然不是说财富不重要，马不重要，而只是相对人而言，一个

民惟邦本　本固邦宁

国家不可能以马为本，而必须以人为本。问人不问马正是孔子民本思想的具体反映。

民 有 三 患

民有三患〔1〕，饥者不得食，寒者不得衣，劳者不得息。三者，民之巨患也。

——《墨子·非乐上》

注释

〔1〕患：患本指担心、忧患，这里指祸害、病痛。

译文

百姓有三种祸患，饿了得不到食物吃，寒冷了得不到衣服穿，劳累了得不到休息。这三个方面，是百姓巨大的祸患。

解析

墨子是先秦时代著名的思想家，墨家学派的创始人。他目睹国与国相攻，家与家相篡，人与人相贼以及强执弱、富侮贫、贵傲贱、诈欺愚等局面，提出兼爱、非攻、尚贤、尚同、非乐、节葬、节用、非命、天志、明鬼等十大主张，以解决社会面临的问题。

墨子是一位平民思想家，他对战乱中的百姓生活寄予无限同情。他指出：天下百姓"饥者不得食，寒者不得衣，劳者不得息"，这才是各国共同面对的最大挑战，是王公大人必须面对且亟待解决的问题。而王公大人们"废丈夫耕稼树艺之时"，"废妇人纺绩织纴之事"（《墨子·非乐上》），不管百姓死活，终日沉湎于为大钟、鸣鼓、琴瑟、竽笙之声，追求雕刻、纹饰之色，着意于煎炙豢养的牛

民惟邦本　本固邦宁

165

猪等的味道，安逸于高台厚榭之屋，这些不符合圣王的事迹，不合乎万民的利益，墨子给予坚决反对和强烈声讨。

　　墨子出身"贱人"，对底层百姓寄予无限同情，他主张无用之事，无用之费，都应废止，多想百姓之所想，心中装着百姓，"兴天下之利，除天下之害"，才能实现"兼相爱""交相利"之目的，世界才会有真正的和平。

治国之道，必先富民

凡治国之道，必先富民。民富则易治〔1〕也，民贫则难治也。奚以知其然也？民富则安乡重家，安乡重家则敬上畏罪，敬上畏罪则易治也。民贫则危乡轻家，危乡轻家则敢凌上犯禁，凌上犯禁则难治也。故治国常富，而乱国常贫。是以善为国者，必先富民，然后治之。

——《管子·治国》

注释

〔1〕易治：容易治理。

译文

大凡治国的原则，一定先让百姓富裕起来。百姓富裕了，就容易治理了，百姓贫穷就难以治理。怎么知道是这样的呢？百姓富裕，则安于乡里重视家庭生活，安居乡里，重视家庭，那么百姓就会尊敬长上，害怕犯罪，所以容易治理。百姓贫穷，就会危害乡里，轻视家庭，危害乡里，轻视家庭，那么就敢于欺凌上司，违犯法禁，冒犯上司，违犯法禁，那么百姓就难治埋了。所以说，治理好的国家往往富足，治理不好的国家往往贫穷。所以善于治理国家的人，一定先让百姓富裕起来，然后再加强管理。

解析

"凡治国之道，必先富民"，这一主张非同凡响。

富民与治国二者紧密联系在一起，富民不仅仅是治国的内容，而且富民本身就是治国。在《管子》看来，百姓富裕了，每一个人都有自己的土地、房舍或其他固定资产，或称之为"恒产"，老百姓就会安土重迁，重视家庭生活，追求家庭和睦、幸福，他所考虑就不仅仅是个人问题，还要考虑家庭中的父母、妻子、孩子等问题，一个人就不是为自己而活着，而是为整个家庭在奋斗。那么他就会言行谨慎，就会尊敬长上，遵守法纪，所以容易治理。百姓贫穷，就会危害乡里，轻视家庭乃至没有家庭，那么他就敢于冒犯上司，违犯法禁，甚至铤而走险。

社会治理，首先治贫，让百姓富裕起来。古往今来，东西万国，富裕的地方，社会治安就会好一些，贫穷的地方，社会治安就会差一些。富之，教之，文明之，这是中国传统的治国思路。

明王之务，在于民富

明王之务，在于强本事〔1〕，去无用，然后民可使富。论贤人，用有能，而民可使治。薄税敛〔2〕，毋苟于民，待以忠爱，而民可使亲；三者，霸王之事也。事有本而仁义其要也。

——《管子·五辅》

注释

〔1〕本事：本即农业，本事指农业生产。

〔2〕薄税敛：薄，减轻、减少；税敛，国家向百姓征收的钱粮；减轻赋税。

译文

英明国君最急切的事务，在于加强农业生产，去除没有实际用处的事情，然后可以使人民富裕；选拔贤才，任用能臣，人民就可以得到治理；减轻赋税，对人民的事情不草率、马虎，以忠诚与亲爱的态度对待人民，就可以使人民亲近。这三项都是成就王霸之业的大事。任何事物都有根本而仁义才是关键。

解析

任何有所作为的政治家都想得到民众的拥护与爱戴，以及发自内心的亲近。如何得到人民的拥戴？《管子》认为，作为国君最起码应做到三点：一是强化农业生产，不误农时，增加财富，让人民富裕起来；二是任贤使能，以精英治国，人民就可以得到有效治理；三是减轻人民负担，让利于民，并以诚恳与爱护的态度对待人民，人民就会亲近。有了这三点，就可以成就王霸之业，实现自己的政治理想与政治抱负。

三者之中，农业生产是第一位的，因为农业生产可以增加物质财富，让人民富裕，这告诉我们经济是基础；是第二点和第三点的基础。《管子》告诉我们，任何事情有都根本，农业生产就是治国之根本，而仁义是关键。没有仁义的物质财富就是没有灵魂支撑的物质财富，如同今日的"土豪"，所以仁义是关键。本与仁义并重是《管子》治民的特点。

为政之急，民富且寿

　　哀公问政于孔子，孔子对曰："政之急者，莫大乎使民富且寿也。"公曰："为之奈何？"孔子曰："省力役，薄赋敛，则民富矣；敦礼教，远罪疾〔1〕，则民寿矣。"公曰："寡人欲行夫子之言，恐吾国贫矣。"孔子曰："《诗》云：'恺悌君子，民之父母。'未有子富而父母贫者也。"

——《孔子家语·贤君》

注释

　　〔1〕罪疾：灾祸。

译文

　　鲁哀公向孔子请教治理国家。孔子说："为政之急是让老百姓富裕并且长寿。"鲁哀公说："该怎么办呢？"孔子说："减少劳役，减轻税负，那么百姓就富裕了。敦促礼乐教化，远离灾祸，百姓就长寿了。"鲁哀公说："我想照您的话去做，又担心国家变得贫困。"孔子说："《诗经》上说：'和乐平易的君子，是老百姓的父母'，没有儿子富足，父母却是贫穷的。"

解析

　　鲁哀公是孔子生前见到的最后一位鲁国国君，孔子68岁结束周游列国的生活，回到鲁国，当时鲁国国君就是鲁哀公。当鲁哀公向孔子请教为政的方法时，孔子以为政之急，在于使民富且寿作答。

怎么使民富，如何使民寿？孔子给鲁哀公提出"省力役，薄赋敛，则民富矣；敦礼教，远罪疾，则民寿矣"。鲁哀公认为，照着孔子的话去做，鲁国赋税将减少，担心会造成国家财政困难。孔子明确告诉鲁哀公，国家的目的在于养民，民富则国富，民贫则国贫。百姓富足，国君当然也就富足了。君与民是一体的，是一家人，怎能会有一家之中孩子富了，而父母却贫穷的。孔子的学生有若曾告诉过鲁哀公："百姓足，君孰与不足？百姓不足，君孰与足？"（《论语·颜渊》）孔子的话与其学生有若的话可以相互补充，相辅而成。

民事不可缓也

孟子曰："民事不可缓[1]也。《诗》云：'昼尔于茅，宵尔索绹；亟其乘屋，其始播百谷。'民之为道也，有恒产者有恒心，无恒产者无恒心。"

——《孟子·滕文公上》

注释

[1] 缓：拖延、懈怠。

译文

孟子说："老百姓的事情是一刻也不容放松、怠慢、迟缓的。《诗经·豳风·七月》上说：'白天割来茅草，晚上把绳搓好；抓紧修缮房屋，到时播种五谷。'百姓的基本情况是，有固定产业的人会有常恒的善心，没有固定产业的人就不会有常恒的善心。"

解析

滕文公问为国，孟子回答：民事不可缓也，一语点出治国之道核心所在。

治国理政是为百姓服务，而不是为满足个人私欲享乐的。为百姓服务，就要想百姓之所想，急百姓之所急，百姓的问题就是国君最大的问题。老百姓的事情季节性很强，节奏非常快，一年四季，一环扣着一环，环环相扣，决不能推诿、迟缓，一旦某一环跟不上，一年收成就不见了，因而对百姓的事情久拖不决，就是最大的败政。

　　《诗经·豳风·七月》上说：白天割来茅草，晚上把绳搓好；抓紧修缮好房屋，马上就要播种五谷。对于百姓，有恒产则有恒心，无恒产则无恒心。恒产即固定产业是百姓的心理保障，也是百姓的道德底线，让百姓拥有土地、房屋、田园、水草、六畜等不动产，是维护国家安定的基础。百姓一旦失去了固定产业，也就没有了常恒的道德操守，那么什么样的违礼犯法、胡作非为的事都干得出来。一旦犯了罪，然后再用刑罚处置他们，这等于布下罗网、挖好坑阱，专门陷害百姓。哪有有仁德的人做了国君却能干出陷害百姓的事情来呢？所以明君一定要恭敬、节俭，礼贤下士，民之所欲，常存君心，这才是真正的为国之法。

养生丧死无憾，王道之始也

不违农时，谷不可胜食也；数罟不入洿池〔1〕，鱼鳖不可胜食也。斧斤以时入山林〔2〕，材木不可胜用也。谷与鱼鳖不可胜食，材木不可胜用，是使民养生丧死无憾也。养生丧死无憾，王道之始也。

——《孟子·梁惠王上》

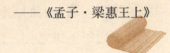

注释

〔1〕数罟不入洿池：数，音 cù，密，细；罟，音 gǔ，网；洿，音 wū，大、深。古人规定网眼细密之网禁止在河流、湖泊里打鱼，以保护鱼类资源的生长和繁殖。

〔2〕斧斤以时入山林：斤，斧头的一种；时：时令季节。《礼记·王制》说："草木零落，然后入山林。"古人砍伐树木是有规定的，宜在草木凋落时去砍伐，生长季节不可砍伐。

译文

（治国者）只要不去占用农业生产的时间，那么粮食就会多得吃不完了；不用过密的渔网到人的湖泊、池塘中去捕鱼，那么鱼类也就多得吃不完了；按照一定的时节到林中砍伐树木，那么木材也就多得用不完了。粮食和鱼类水产多得吃不完，木材多得用不完，就能使老百姓供养生者、安葬死者而不至于感到不满足了。老百姓养生丧死没有什么不满足，这是王道的开始。

┃解析┃

　　梁惠王在孟子面前大谈德治以及其治国之良策：河内凶，则移其民于河东，移其粟于河内。河东凶亦然。孟子认为这些政策治标不治本。怎样才治本呢？孟子由是提出了一系列养民、足民、惠民、富民的政策：谷与鱼鳖不可胜食，材木不可胜用，是使民养生丧死无憾也。即只有解决了百姓的基本生活问题，"王天下"才有可能。民生问题是人们关注的永恒主题，是一切良政之由。民生解决了，申之以孝悌之义，百姓才能更好地实践孝悌之道。

黎民不饥不寒，可以王天下

五亩之宅，树之以桑，五十者可以衣帛矣。鸡豚狗彘之畜〔1〕，无失其时，七十者可以食肉矣。百亩之田，勿夺其时，数口之家可以无饥矣。谨庠序〔2〕之教，申之以孝悌之义，颁白〔3〕者不负戴于道路矣。七十者衣帛食肉，黎民不饥不寒，然而不王者，未之有也。

——《孟子·梁惠王上》

注释

〔1〕鸡豚狗彘之畜：豚，音：tún，小猪；彘：音 zhì，猪；畜：音 xù，畜养，饲养。这里泛指一切家禽家畜的饲养。

〔2〕庠序：古代地方学校的称谓。

〔3〕颁白：头发花白，颁通"斑"。

译文

在方圆五亩大的宅院中，周围栽上桑树，五十岁以上的人就可以穿上丝帛衣服了。鸡和狗猪之类的家畜，不要耽误它们繁殖、饲养的时间，七十岁以上的人就有肉可吃了。百亩大的出地，如果能够及时得到耕种，一家老小数口就不会挨饿了。认真地搞好学校的教育，反复向人们阐明孝敬父母、尊敬兄长的道理，须发花白的老人就不会肩挑背负在道路上艰难行走了。七十岁以上的人穿着丝绵衣服，吃着肥肉，百姓不会挨饿受冻，这样还不能使人归服而一统天下是从来没有的。

┃解析┃

　　长期以来，人们认为孟子只讲仁义，只重道德，不重物质，不注重民众的生活，错！孟子一向将民众的生活尤其是经济生活放在重中之重，放在他要解决的一切问题的首位。

　　孟子不只讲道德、仁义，更重民生，为百姓争取最基本的生存权，最基础的生活保障。没有物质生活作为保障的讲道德，说仁义，全是无意义的空谈！百姓吃饱穿暖，老年人经常有肉吃，百姓的生活有了基本保障，再"谨庠序之教，申之以孝悌之义"，那么"颁白者不负戴于道路矣"，有了物质生活作基础的道德教化，孝悌之道才能真正落实下来，收到良效。

　　"黎民不饥不寒"才是王道的基础，是王道的开端，理想的政治形态从哪里开始？从解决民生尤其是黎民百姓的生活开始。

王 无 罪 岁

狗彘食人食而不知检；涂有饿莩[1]而不知发；人死，则曰："非我也，岁也。"是何异于刺人而杀之，曰："非我也，兵也。"王无罪岁，斯天下之民至焉。

——《孟子·梁惠王上》

注释

〔1〕饿莩：莩同"殍"，饿死的人。

译文

（孟子对梁惠王说）猪狗之类的牲畜吃着人吃的粮食却不知道设法制止，路上出现了饿死的人却不知道开仓救济饥民；老百姓死了，却说："不是我杀死的，是凶年饥岁造成的啊。"这与用刀子刺杀一个人，却说："杀死他的不是我，是刀子。"有什么区别呢？大王您要是能不归罪于凶年饥岁，这样普天之下的老百姓就都会来投奔您了。

解析

梁惠王在孟子面前大谈德治以及其治国之良策：河内凶，则移其民于河东，移其粟于河内。河东凶亦然。这些政策都是治标不治本，孟子直指梁惠王的痛处，他自以为对梁国尽心了，可是孟子所见则是狗彘食人食而不知检；涂有饿莩而不知发，百姓饿死了，然而却说不是自己不尽心为政，而是自然灾害造成的。这与用刀子杀死人，说不是自己杀的，是刀子杀的，有什么区别？由是孟子点出王无罪岁，那么天下的百姓都会归顺你了。

王无罪岁，四字十分有力！百姓挨冻受饿，原因不总是自然灾害，而往往是执政者治国理政的方式。政策出了问题，执政者应反躬自问，而不是把责任推给自然灾害，一推了之。

如果执政者不一味强调自然原因，而是反求诸己，多多反躬自问，多作施政方针、政策等方面的检讨，一定会赢得民心，使天下之民归附。

仁者无敌

孟子对曰：地方百里而可以王。王如施仁政于民，省刑罚，薄税敛，深耕易耨〔1〕；壮者以暇日修其孝悌忠信，入以事其父兄，出以事其长上，可使制梃以挞秦楚之坚甲利兵矣。彼夺其民时，使不得耕耨以养其父母。父母冻饿，兄弟妻子离散。彼陷溺〔2〕其民，王往而征之，夫谁与王敌？故曰："仁者无敌。"王请勿疑！

——《孟子·梁惠王上》

注释

〔1〕深耕易耨：易，治；耨，锄草；即深耕土地，除去杂草。

〔2〕陷溺：陷，下陷；溺，淹在水里。

译文

孟子回答说：方圆百里的小国也可以统一天下而称王。大王您如果能够对老百姓实行仁政，减免严刑峻法，减轻苛捐杂税，（使老百姓可以）深耕细作、除去杂草，壮年的人在闲暇的时候可以修习孝顺父母、尊敬兄长、忠诚守信的道德，在家用以侍奉父母和兄长，在外用以侍奉长辈和上级，这样，哪怕是使用木棒也可以打败秦楚身披坚厚铁甲、手执锐利兵器的军队了。秦国和楚国剥夺人民的耕作时间，使他们不能进行耕种以养活他们的父母。父母挨饿受冻，兄弟妻子东逃西散。这两国使他们的百姓陷于水深火热之中，大王您去征讨他们，有谁能与大王您抗衡呢？所以说："有仁德的

民惟邦本　本固邦宁

181

人无敌于天下。"大王请您不要再怀疑了。

解析

梁惠王东败于齐，西败于秦，南辱于楚，让曾经一度以五霸之一的晋国继承者自居的梁惠王屡屡蒙羞。他急切要报仇雪恨，洗刷前耻。孟子表面上没有反对梁惠王的想法，但他认为梁惠王格局太小，胸怀太小，这样不仅不能使他洗刷前耻，反而会让他蒙受更多的羞辱。

孟子告诉梁惠王要超越报仇雪恨的心态，发政施仁，一统天下，前耻就会不雪而雪。推行仁政，对百姓"省刑罚，薄税敛"，让百姓"深耕易耨"等，然后对百姓申之孝悌忠信。而秦楚之君不行仁政，使其百姓父母冻饿，兄弟妻子离散，从而征之，谁可以与您相匹敌呢？故曰仁者无敌。

"仁者无敌"成为许许多多中国人的精神支撑，甚至成为许多中国人的精神信仰。

罔民入罪，仁人不为

（孟子）曰："无恒产[1]而有恒心者，惟士为能。若民，则无恒产，因无恒心。苟无恒心，放辟邪侈[2]，无不为已。及陷于罪，然后从而刑之，是罔民[3]也。焉有仁人在位罔民而可为也？"

——《孟子·梁惠王上》

注释

〔1〕恒产：维持基本生活的固定的资产，如土地、房屋等。

〔2〕放辟邪侈：淫纵放荡、不合正道之事。放，放纵；辟，偏激、过分；邪，不正；侈，过分。

〔3〕罔民：指张开罗网陷害百姓。罔，同"网"，这里用作动词。

译文

（孟子）说：一个没有固定资产的人却有一颗安分守己之心，只有达礼的读书人可以做到。至于普通的老百姓，如果没有固定资产，就不会有安分守己的心。如果没有安分守己之心，那就会放荡邪僻，不守正道，没有什么事是做不出来的。到他们犯了罪，然后对他们施加刑罚，这等于是设下罗网陷害百姓。怎么会有道德的国君在位却设下罗网来陷害百姓的呢？

解析

恒产放在现代社会就是固产，不动产，在古代就是土地、房屋等。孟子虽然坚持人性本善，但他并不认为现实世界里的人都是善良的。道德意识、安心守己、一颗平常心的存在既需要读书学习，又需要恒产作为保证。"无恒产而有恒心，唯士为能"，士为什么能？因为士的道德意识已经被唤醒，接受过礼乐教化，可以通过传授知识作为自己谋生的技能。"若民，则无恒产，因无恒心。苟无恒心，放辟邪侈，无不为已。"普通百姓因为没有固定资产，就没有安分守己的平常心。没有恒常道德操守，放弃了底线的坚守，放辟邪侈，没有什么事是不能干的了。一旦犯了罪，又从而刑之，孟子说这是故意罔民入罪，罔民入罪才是最大的罪！

莅民如父母

莅民〔1〕如父母，则民亲爱之。道〔2〕之纯厚，遇之有实，虽不言曰吾亲民，而民亲矣。莅民如仇雠，则民疏之。道之不厚，遇之无实，诈伪并起，虽言曰吾亲民，民不亲也。故曰："亲近者言无事焉。"

——《管子·形势解》

注释

〔1〕莅民：管理或对待人民。

〔2〕道：同"导"，引导。

译文

对待人民像对待父母一样，人民自然会亲近和爱戴。以淳厚的德行来引导他们，用实实在在的好处来对待他们，虽然人民口头上不说我亲近人民，人民也会来亲近我。如果对待人民像对待仇敌一般，人民自然就会疏远。不以厚道德行引导人民，没有实在在的利益来对待人民，欺诈和虚伪都用上了，虽然口头上说我亲近人民，人民也不会亲近。所以说："亲近的人是不用挂在口头上的。"

解析

人民作为集合概念是大族，是无敌于天下的，但人民是由一个一个的人组成的，作为个体的人是软弱的、微小的，相对微小个体的民众，执政者握有国家公权力或国家机器，是强大的，掌握公权力的执政者对待弱小民众个体应当为民父母，对民众"若保赤子"。这是中国古老政治传统。

《管子》一书指出，执政者想让百姓亲近而爱戴自己，应做到三点，其一，态度上，要像父母慈爱孩子一样慈爱百姓；其二，教化百姓，即用淳厚的德行引导百姓，如孔子所言"道之以德"；其三，给人民带来实实在在的实惠，用今天的话说，让人民有获得感。做到这三条人民就亲之爱之，归附之。如果对待人民如寇仇，不引导百姓提升德行，不能让人民有获得感，人民不会亲近且归附。

对于执政者而言，口头上说亲爱百姓是不够的，应有政策，有行动，给人民带来实惠，才能真正赢得民心。

以百姓心为心

圣人无常心，以百姓心为心。善者，吾善之；不善者，吾亦善之，德善。信者，吾信之；不信者，吾亦信之，德信。圣人在天下，歙〔1〕歙焉，为天下浑其心〔2〕。百姓皆注其耳目，圣人皆孩〔3〕之。

——《老子·第四十九章》

注释

〔1〕歙：收敛、含藏。

〔2〕浑其心：使心浑沌、淳朴，没有机心。

〔3〕孩：使动用法，使老百姓恢复到婴儿般的状态。

译文

圣人没有固定不变的心，而是以百姓的心为自己的心。善良的人，我以善良对待他；不善良的人，我也以善良对待他，得到善良。诚信的人，我以诚信对待他；不诚信的人，我也以诚信对待他，得到诚信。圣人治理天下，要内敛谨慎。让天下人的心灵都变得纯朴，百姓都专注于自己的视听。圣人让他们复归到婴孩状态。

解析

"圣人无常心，以百姓心为心"，这是《老子》一书蕴含的非常有价值的思想。

圣人既是儒家的理想人格，也是道家的理想人格。在儒家，圣人是人的极致、人伦之至，即做人标准；在道家，圣人含弘广大，一片天机，没有"常心"，也就是没有"成心"。百姓的心就是圣人的心，百姓的意志就是圣人的意志，百姓的意欲就是圣人的意欲。

"善者，吾善之；不善者，吾亦善之，德善。信者，吾信之；不信者，吾亦信之，德信"。圣人没有分别心，无论他人善与不善，但我一直是善，这样才能称得上品德善良；不管别人讲不讲诚信，但不影响我的诚信，这样才能称得上德信。别人不善，不是我不善的理由，别人不讲诚信，不是我不讲诚信的根据，这才是善良，这才是诚信。

如果一切执政者都能放弃个人的成见，以百姓之心为心，倾听百姓的心声，体贴百姓之感受，换位思考，易地而处，这才是以民为本的真正落地。

爱民民爱之

有社稷者而不能爱民，不能利民，而求〔1〕民之亲爱己，不可得也。民不亲不爱，而求其为己用，为己死，不可得也。民不为己用，不为己死，而求兵之劲，城之固，不可得也。

——《荀子·君道》

注释

〔1〕求：要求。

译文

拥有国家政权的人而不能爱护人民，不能给人民带来利益，却要求人民亲近他、爱戴他，这是不可能实现的。人民不亲近他，不爱戴他，而要求百姓为自己所用，为自己奉献出生命，这是不可能实现的。百姓不为自己所用，不愿为国君奉献生命保卫国君，而要求军队强劲，城池坚固，是不可能实现的。

解析

这里表达了一个十分重要的观念与思想，作为执政者必须回答如何实现自己的长期执政，使政权坚固、国家强盛的问题。荀子认为，要想实现国家太平，政权稳定，国家长治久安，说到底是得到人民拥护的问题。得到百姓的拥护的具体表现就是百姓亲近国君、爱戴国君甚至心甘情愿地为国家付出牺牲乃至奉献出自己的生命。

人民凭什么亲近你，爱戴你，甚至愿意为国君奉献出生命，荀子的回答是，国君应爱民利民。孟子有言："爱人者，人恒爱之；敬人者，人恒敬之。"国君与人民的关系同样是人与人之间的关系，同样合乎人际关系相处一般原则，国君爱护人民，人民就爱戴他；国君从人民的利益出发思考问题，人民也会考虑国君的利益予以回报。一个国家的强大来自其军队的强大；一个国家的富足来自于人民的富足；一个国家欲实现富强，国家一定要爱护人民，以人民的利益为重，实现人民的利益与国家的利益高度一致，实现民众与国君的思想、志气的统一，这叫作"上下同欲"。上下同欲就能无往而不胜。

作为国君不是爱民利民，而是恨民欺民害民，百姓与国君不是利益共同体，而是利益的矛盾体。不仅没有共同的利益，而且是利益相互冲突对立，国君恨人民，自然人民也会恨国君，国君以害百姓为能事，而百姓天天期盼"时日曷丧，予及汝偕亡"（《尚书·汤誓》)，这样的政权离灭亡不远矣。爱民利民是执政者第一要务，执政者拥有权力不是为一己之私、一家之私、一姓之私服务的，而是为天下百姓服务的，对执政者而言爱人民就是爱自己，利民众就是利自己，不懂得爱民利民，一味追求一己之私，一家之私，一姓之私，走上与人民为敌的道路，最终不会有好下场。

平 政 爱 民

君人者，欲安，则莫若平政〔1〕爱民矣；欲荣〔2〕，则莫若隆礼〔3〕敬士矣；欲立功名，则莫若尚贤使能矣。是人君之大节也。

——《荀子·王制》

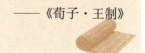

注释

〔1〕平政：使政令公平。

〔2〕荣：兴盛。

〔3〕隆礼：尊崇礼仪。

译文

作为领导者，想获得安宁，那么最好的办法是公平正直地处理政务，爱护百姓；想要获得荣光，那么最好办法就是尊重礼法，敬重有学问的人；想要建立功业，留名青史，那么最好的办法就是尊崇有德行的人和任用有才干的人。这是做领导的关键所在。

解析

如何当好国家领导人，荀子提出三大关键，第一关键是"平政爱民"；第二是"隆礼敬士"，第三是"尚贤使能"，这是作为国君实现国家安定，建功立业，留名青史的三件最为重要事情，也是三大保证。

"平政爱民"是三大关键的第一关键。它要求执政者公平、公正地处理一切事务，始终将民放在心上，将关心、爱护百姓放在第一位，这样国家才能安宁。国家政局稳定，社会祥和是各项事业展开的基础与保证，同时是"欲荣""欲立功名"的前提，否则，一切也就无从谈起。

荀子"平政爱民"的思想至今仍然有现实意义，值得我们深思。

治国之道，爱民而已

武王问于太公曰："治国之道若何？"太公对曰："治国之道，爱民而已。"曰："爱民若何？"曰："利之而勿害，成之勿败，生之勿杀，与之勿夺，乐之勿苦，喜之勿怒，此治国之道，使民之谊〔1〕也，爱之而已矣。"

——西汉·刘向《说苑·政理》

注释

〔1〕谊：同"宜"。

译文

周武王问姜太公："治理国家的根本原则是什么？"太公回答说："治理国家的根本原则不过爱护百姓罢了。"武王说："怎样叫爱护百姓？"太公回答说："给他们以利益而不损害他们，成就他们不要挫败他们，生养他们而不要杀害他们，给了他们的东西而不抢夺他们，给予他们快乐而不使他们痛苦，让百姓高兴而不使他们愤怒。这就是治理国家的根本原则，役使百姓的道理，爱护他们罢了。"

解析

周武王是西周政权的创立者，是一位英明的天子。他向当时最杰出的政治家、军事谋略家姜太公咨询治国之道。姜太公告诉周武王两个字："爱民"。

治国不是治民，而是爱民，这表现出中国古老的政治智慧，一治一爱，将对象化的存在转化内于己的存在，由刚性化治理手段之间转化为柔性化的爱抚之答。治民是手段，爱民是方式，这一方式即"利之而勿害，成之勿败，生之勿杀，与之勿夺，乐之勿苦，喜之勿怒"，治国之道，使民之方，就在其中了。

爱民的国君对待百姓，"如父母之爱子，兄之爱弟，闻其饥寒为之哀，见其劳苦为之悲"（《说苑·政理》），这是姜太公爱民的本怀。

民存则社稷存，民亡则社稷亡

或曰："爱民如子，仁之至乎？"曰："未也。"曰："爱民如身，仁之至乎？"曰："未也。汤祷桑林〔1〕，邾迁于绎〔2〕，景祠于旱〔3〕，可谓爱民矣。"曰："何重民而轻身也？"曰："人主承天命以养民者也，民存则社稷存，民亡则社稷亡，故重民者，所以重社稷而承天命也。"

——东汉·荀悦《申鉴·杂言上》

注释

〔1〕汤祷桑林：商汤灭夏桀之后，天大旱，五年不收，祈祷于桑林，雨乃大至。

〔2〕邾迁于绎：邾文公迁都于绎，史官说有利于民而不利于君，邾文公毅然迁都。

〔3〕景祠于旱：春秋时期，齐国大旱，齐景公"欲少赋敛以祠灵山、祠河伯"，晏婴认为不可，要求齐景公离开官殿，走向旷野，与灵山河伯共忧，三天果雨。

译文

有人说："爱护百姓像爱护儿女一样，这是仁德的最高境界吗？"回答说："不够。"说："爱护百姓就像爱护自己的身体一样，是仁德的最高境界吗？"回答说："不够。商汤在桑林里祈雨，邾文公为利于民迁都于绎，齐景公在旷野中祈求免于旱灾，可以说爱护百姓了。"说："为什么要重视百姓而轻贱自己的身体呢？"回答说：

民惟邦本　本固邦宁

195

"国君是奉上天之命以养育百姓的人，百姓存在则社稷存在，百姓消亡了那么社稷也就消亡了，所以重视百姓的国君，是重视社稷而传承上天的使命。"

| 解析 |

民即社稷，社稷即民，民存则社稷存，民亡则社稷亡。江山社稷是靠百姓支撑的，没有百姓的江山社稷有何意义！

国君"爱民如子"不是仁民的极致，"爱民如身"同样也不是仁民的极致，只有像商汤、邾文公、齐景公那样为民献身才是仁民的极致！"爱民如子"固然可贵，但子是身之外，父子反目，紧张、对立者多矣，所以不是爱民的最高境界。"爱民如身"是将民视为自己生命有机体的组成部分，"视民如手足"，当然是在"爱民如子"的基础推进一步，但仍然不是仁爱百姓的极致。仁爱百姓的极致是像商汤、邾文公、齐景公那样为民献身。商汤为民祷于桑林，邾文公为利民不惜损害己身，齐景公为民祷于旷野，国君的威严甚至生命与民利相比较算得了什么！

国君上承天命以养民，"民存则社稷存，民亡则社稷亡"，国君之所以重民轻身，是因为他们"重社稷而承天命也"。

养民爱民

　　呜呼！民可忽哉？臣观太祖皇帝、太宗皇帝、真宗皇帝、皇帝陛下养民勤矣，爱心至矣，然而天下之民困，其何故哉？郡守县令滥也，僧尼多也，祠庙繁也，差役重也，支移远也，贡献[1]劳也，……兼并盛也，游惰众也。今欲息民之困，在择郡守县令，灭僧尼、禁祠庙，省差役，罢支移，停贡献，……抑兼并，斥游惰。

——《徂徕石先生文集·根本》

注释

〔1〕贡献：贡品。

译文

　　民众能够忽视吗？臣查看当朝太祖皇帝、太宗皇帝、真宗皇帝、皇帝陛下休养民众可谓勤劳，爱惜民力可谓尽心了，然而天下民众困苦，这是什么原因呢？郡守县令过多，僧尼太多，祠庙太多，差使劳役繁重，支移太重，贡品太繁，土地兼并之风太盛，游手好闲的民众太多啊。现今想要去除民众的困苦，在于选择郡守县令，毁灭僧尼、禁止祠庙，减少差役，废除支移，停止贡品供应，抑制土地兼并，斥责那些放纵懈怠的行为。

解析

　　圣贤在民间，英雄在民间，豪杰在民间，奸雄仍然在民间，他们都深埋于民众之中，"民可忽哉？"当然，不可忽，不能忽，必须高度重民、惜民、爱民。

石介认为，宋太祖、太宗、真宗等几位皇帝"养民勤矣，爱心至矣，然而天下之民困，其何故哉？"，原因是郡守县令滥也，差役重也，支移重也，贡献劳也，兼并盛也，游惰众也。针对这些情形，北宋执政者必须做到择郡守县令，省差役，罢贡献，宽馆驿，久使任，抑兼并，斥游惰。才能真正解决民困，才算得上是爱民、惜民、重民。

爱民、惜民、重民对于执政者而言，不是挂在口头上，而是切切实实的举措，拿出实实在在的办法，落实于踏踏实实的行动。石介的这些建议对于北宋的统治者而言，"非不能，是不为也。"

知民之所苦

凡治病者，必先知脉之虚实，气之所结，然后为之方〔1〕，故疾可愈而寿可长也。为国者，必先知民之所苦，祸之所起，然后设之以禁，故奸可塞、国可安矣。

——东汉·王符《潜夫论·述赦》

注释

〔1〕方：药方。

译文

为人治病的人，一定先知道病人脉象的虚实，血气不通畅的部位，然后才为病人开出药方，所以疾病可治好而寿命可延长。治理国家的人，一定先知道百姓的痛苦在哪里，祸乱是怎样发生的，然后设立禁忌，这样胡作非为的人可以防止，国家可以平安。

解析

古人认为，治理国家与医者治病的道理是一样的。医生为人治病，首先要了解病人病情，知道病的根源在哪里，才能开出药方，治好病人的病，让病人恢复正常，福寿康宁。

治理国家同样如此，作为执政者一定要先知道百姓的苦在哪里，社会问题出在哪里，灾祸为什么会发生，等等。医生是根据病人的病情开出药方，执政者是根据百姓的痛苦所在，祸乱发生之由，设立禁忌，才能防止坏人作乱，让国家平安！

民惟邦本 本固邦宁

什么是社会问题，或者说国家治理是解决什么问题？王符认为，"民之所苦"就是社会问题，解除"民之所苦"是国家治理的关键所在。"以百姓之心为心"（《老子》第四十九章），不仅要"知民之所苦"，体"民之所苦"，更要除"民之所苦"，心里有百姓，百姓就会拥戴他。

民病如己病

民之有讼，如己有讼；民之流亡，如己流亡；民在缧绁〔1〕，如己在缧绁；民陷水火，如己陷水火。凡民疾苦，皆如己疾苦也，虽欲因仍〔2〕，可得乎？

——元·张养浩《三事忠告·牧民忠告·听讼第三》

注释

〔1〕缧绁：捆绑犯人的大绳子，引申为牢狱。

〔2〕因仍：相沿、因袭，这里指办事因循苟且。

译文

百姓有诉讼，如自己的诉讼一样；百姓流离失所，如自己流离失所一样；百姓有牢狱灾害，如自己在牢狱里一样；百姓陷入水深火热之中，如自己在水深火热之中一样。凡是百姓的疾苦，都如自己的疾苦，（处理政务）虽然想因循苟且，办得到吗？

解析

这是张养浩《牧民忠告》中的一段话。张养浩，元代著名散曲家、政治家，其代表作《山坡羊·潼关怀古》中名句"兴，百姓苦；亡，百姓苦"，吟出千千万万平民百姓的心声！

张养浩宦海沉浮几十年，深察民间疾苦，要求所有听政理民的官员都能怜民、恤民、惜民、爱民，以百姓之苦为己苦，换位思考，以人溺己溺、人饥己饥的精神，对待百姓。"民之有讼，如己有讼；民之流亡，如己流亡；民在缧绁，如己在缧绁；民陷水火，如己陷水火"，百姓的痛苦就是自己的痛苦，百姓的苦难就是自己的苦难，百姓的烦恼就是自己的烦恼，一句话，"凡民疾苦，皆如己疾苦也"。张养浩这种政治胸襟是超越时代，跨越国界的，不仅对古代官员有用，今天仍然有意义。

第六篇

富民

富民就是富国之本。民富则国富，民贫则国贫，中国传统思想家要求执政者藏富于民，作为官员不能与百姓争利。富民首在满足百姓日常生活基本需要，而满足百姓生活的基本需要一定要『制民之产』，让百姓吃饱穿暖。富民只是满足了百姓的物质生活，而教民是满足百姓的精神生活，孔子主张『富而后教』。尽管传统富民主观愿望很美好，但两千多年来，我们先民始终没有找到让人民摆脱贫穷、长期富足的办法，这不能不说是一种历史的遗憾。

富而后教

子适[1]卫，冉有仆。子曰："庶[2]矣哉！"冉有曰："既庶矣，又何加焉"曰："富之。"曰："既富矣，又何加焉?"曰："教之。"

—— 《论语·子路》

注释

〔1〕适：到。

〔2〕庶：众多。

译文

孔子到卫国去，冉有为他驾车。孔子说："这里的人真多啊！"冉有说："民众已经多了，下一步该怎么办呢？"孔子说："让他们富裕起来。"冉有说："已经富裕了，下一步又该怎么办呢？"孔子说："教育他们。"

解析

迄今为止，人类的全部奋斗史都是为了满足人们对物质生活与精神生活的需求的历史，所谓以人为本归根到底是以满足人们的物质生活与精神生活的需要为本。孔子的"富之"就是满足民众对物质生活的追求，孔子的"教之"就是满足民众对精神生活的向往。

孔子是伟大的理想主义者，但不是空想主义者。他有着崇高的理想、远大的抱负、博大的胸怀，为了理想，见逐于宋，厄于陈蔡，颠沛流离，乃至受到种种非议与挑战，但依然前行；而对民众，他先想到是"富之"，是民众的生活，尤其是物质生活的满足。他深深懂得民以食为天，三天不食，父子之礼不能相存，人民富裕起来是落实民众教化的基础。

人，只要是人，就不仅仅是物质性存在，而是在更高意义上的精神性存在。"富之"之后，进一步应如何呢？孔子的回答是"教之"。"教之"就是教育、教化百姓，就是在文化上、精神上满足百姓的需求。

物质生活与精神生活谁先谁后？从孔子先回答"富之"，再回答"教之"看，显然，富之在先，教之在后，即物质生活在先，精神生活在后，但这决不意味着物质生活水平的高低与精神生活水平的高低成正比，更不意味物质生活富裕了，人们的道德觉悟自然就提高了。富裕起来的民众是需要教化，而且是必须教化的，"教之"是治国者的重要责任，是士人引导民众从事精神生活的重要方式。在孔子看来，只有通过教之，民众才能提升到"贫而乐"和"富而好礼"的境界，社会才是文明、和谐的。

百姓足，君孰与不足

哀公问于有若曰：“年饥，用不足，如之何？”有若对曰：“盍彻〔1〕乎？”曰：“二，吾犹不足，如之何其彻也？”对曰：“百姓足，君孰与不足？百姓不足，君孰与足？”

——《论语·颜渊》

注释

〔1〕彻：一种田税制度，十分之一税率称为彻。

译文

鲁哀公问有若说：“遇到了饥荒，国家政财不够用，怎么办？”有若回答说：“为什么不实行十分之一的田税呢？”哀公说：“现在税收是十分之二，我还不够用，怎么能实行十分之一的税法呢？”有若说：“如果百姓用度够，您怎么会不够呢？如果百姓的用度不够，您怎么又会够呢？”

解析

有若是孔子的高足，其思想体现出孔子的经济主张或儒家的经济主张。这一主张的核心是“藏富于民”，而不是对百姓竭泽而渔。

作为以农业立国的古代中国，田税收入是国家的财政基本来源。儒家一向主张什一之税，但鲁哀公税点到十分之二了，鲁国的财政仍然十分紧张。有若明确告诉鲁哀公，削减田税的税率，改行什一之税，才是唯一出路。

　　有若的理由是，减轻百姓经济负担，让百姓富裕起来。百姓富足了，国家就不可能贫穷；如果对百姓征收过多，超过百姓的承受能力，致使民不聊生，流离失所，国家经济也会随之崩溃，这样国库充盈有何意义？

　　国家不仅仅是国君的国家，更是人民的国家。国家的富足不是国库充盈，而在于人民生活富裕。国库充盈与税率高低关系并不大，调动百姓创造财富的积极性，大力挖掘财源，才是国家富足的保证。西汉文景之际，十五税一乃至三十税一，国家没有贫穷，反而更加富足，就是最好的证明。

赖其力者生

今之禽兽、麋鹿、蜚鸟〔1〕、贞虫，因其羽毛以为衣裳，因其蹄蚤〔2〕以为绔屦，困其水草以为饮食。故惟使雄不耕稼树艺，雌亦不纺绩织纴，衣食之财，固已具矣。今人与此异者也，赖其力者生，不赖其力者不生。君子不强听治，即刑政乱；贱人不强从事，即财用不足。

——《墨子·非乐上》

注释

〔1〕蜚鸟：蜚通"飞"，蜚鸟即飞鸟。

〔2〕蹄蚤：蹄趾与脚爪。蚤通"爪"。

译文

禽兽、麋鹿、飞鸟、昆虫，凭借着它们的羽毛作为衣裳，利用它们的蹄爪作为裤子和鞋子，把水、草作为饮食物。所以，虽然雄性动物不耕田、种菜、植树，雌性动物不纺纱、绩麻、织布，衣食财物本就具备了。人与它们不同：依赖自己的能力才能生存，不依赖自己的能力就不能生存。君子不努力听狱治国，刑罚政令就要混乱；百姓不努力生产，财用就会不足。

解析

人与禽兽之异在哪里？千百年来，不同思想家对此有不同的回答。如人是会思维的动物，人是会使用语言符号的动物，孟子、荀子以仁义与礼义作为人异于禽兽的标志，等等，众说纷纭，争论不已。

墨子在这一问题上，独树一帜，而且见解深刻、独到。他认为，人与动物的区别在于动物以其本能而生活，而人"赖其力者生，不赖其力者不生"。力是什么？能力、力量都翻译都不恰当，这里的力其实就是创造性劳动。禽兽、麋鹿、飞鸟、昆虫，它们不需织衣，不需要劳作，完全凭借大自然的赐予就可生存与并繁衍下去，人不能仅靠天吃饭，人要去创造，去劳动，才能满足自己的生存需要。

"赖其力者生"，这就告诉人们，人可以有分工的不同，但所有的人都必须努力工作才能生存于天地间。无论是"君子"，还是百姓，强力从事才是人之所以为人的证明，而所谓"贱人"的强力从事是耕稼树艺、纺绩织纴，是一切强力从事的基础，从这个意义上，墨子强调的仍然是民为国之基。

制 民 之 产

是故明君制〔1〕民之产，必使仰足以事父母，俯足以畜妻子，乐岁终身饱，凶年〔2〕免于死亡；然后驱而之善，故民之从之也轻〔3〕。

——《孟子·梁惠王上》

注释

〔1〕制：制定、设置。

〔2〕凶年：灾年，即收成不好的年岁。

〔3〕轻：容易。

译文

所以英明的国君为老百姓设置固定的产业，一定使他们对上足以奉养他们的父母，对下足以养活他们的妻子和儿女，好的年景吃饱穿暖，即使是在灾年饥岁也不至于冻饿而死；然后，再引导老百姓向善的道路上走，那么老百姓也就容易听从了。

解析

"制民之产"就是让百姓物质生活有基本保证，可以称之为"恒产"。这个"恒产"让百姓生存下去，好年景可以乐岁身饱，灾荒之年不至于冻饿而死，英明的国君之所以英明就在于"制民之产"，保证百姓最基本的物质需要。

在孟子看来，"制民之产"是百姓的第一需要，是满足百姓物质生活的基本保障。有物质生活，也有精神生活，对众多的普通百姓而言，物质生活满足是精神生活的前提；有了基本物质生活，再号召百姓向善的方向奋斗，就比较容易。有"恒产"，也有"恒心"，"恒产"是维持"恒心"的人格底线。

　　孟子要求国君"制民之产"说到底就是让执政者关心民生，关心百姓物质生活，让最底层的百姓生存下去，不至于铤而走险。

善教得民心

孟子曰："仁言，不如仁声〔1〕之入人深也；善政，不如善教之得民也。善政民畏之，善教民爱之；善政得民财，善教得民心。"

——《孟子·尽心上》

注释

〔1〕仁声：一说仁德的声望，一说仁德的音乐，两说都通，前者更合理。

译文

孟子说："仁德的语言不如仁德的声望那样深入人心，良好的行政治理不如良好的道德教化那样赢得民众。良好的行政治理，百姓敬畏；良好的教育，百姓喜爱。良好的政令可以从百姓那里得到更多的财富，良好的教化可以得到百姓真心拥护。"

解析

仁言与仁声相较，仁声胜于仁言。仁言是说出来的，仁声是做出来的。如果一个执政者能发出善良的语言，老百姓听了也舒服。但一个执政者如果要有仁声，只靠说是不行的，仁声不只是自己讲的，更需要百姓有口皆碑。行胜于言，仁声比仁言更深入人心。

善政与善教相较，善教优于善政。善政不过是"道之以政，齐之以刑"（《论语·为政》）罢了，当然可以让百姓畏服，善教则是

民惟邦本　本固邦宁

"道之以德，齐之以礼"（同上），可以让百姓接受教化，使生命得到成长与提升，百姓从心底里喜爱。良好行政治理增加国家的财富，使国库充盈，但不一定能得到民心，善教得民心。

得天下与失天下取决于得民心与失民心，作为执政者如何得民心？孟子告诉我们要"善教"。当然善教不排斥善政。既有仁言，又有仁声；既能善政，又能善教，岂不更好？

节 用 裕 民

　　足国〔1〕之道，节用裕民，而善臧〔2〕其余。节用以礼，裕民以政。彼裕民，故多余。裕民则民富，民富则田肥以易〔3〕，田肥以易则出实百倍。上以法取焉，而下以礼节用之，余若丘山，不时焚烧，无所臧之。夫君子奚患乎无余？

——《荀子·富国》

注释

〔1〕足国：国家富足。

〔2〕善臧：臧同"藏"，善于保存。

〔3〕田肥以易：易，整治。土地肥沃得到整治。

译文

　　国家富足的办法，节约开支，百姓富裕，且善于储藏多余的物资。用礼法制度节约开支，用富民政策使百姓富裕。百姓富裕了，就会有多余的财富。有了使百姓富裕的政策，百姓就会富裕起来。百姓富裕了，土地就会肥沃且得到整治，土地肥沃且得到整治，粮食收成就会增加百倍。在上位的国君按照法令去征收百姓财富，在下位的百姓按照礼法节约开支，那么，多余的粮食可以堆积如山，过些时候还可以烧掉一部分，不这样就没有地方储藏它。到这个时候，国君还担心没有多余的物资财富吗！

民惟邦本　本固邦宁

215

┃解析┃

富强是历代中国人的追求，《荀子》一书更是有专论讨论富强问题，有《富国》《强国》两篇长文讨论富强之道。国家如何才能富裕？荀子提出了两种办法，其一是节用，其二是裕民。节用是对消费而言，裕民是就生产来说的，或者说裕民指向开源，节用指向节流，开源节流、"善藏"，就是荀子的国家富足之道。

节用即节俭开支是国家富足的重要条件，不节用，铺张浪费，任何一个国家都不可能富足起来，但荀子的节用不是无限制的节用，也不是说越节俭越好，而是主张"节用以礼"。礼就是度量、尺度，节用以礼就是开支要合理。既反对统治者奢侈无度，又不主张墨家的苦行之道，这是"节用以礼"的本意。"裕民以政"是指用政策这一国家杠杆让百姓富裕起来，如平政爱民，轻赋税，省徭役，使得人民丰衣足食，且有节余以增加扩大再生产。政府对民众取之有度，节用以礼，让百姓富裕，调动百姓生产积极性，生产出来的粮食就会堆如山丘，怎么担心国家不富足呢？墨子"昭昭然为天下忧不足。夫不足非天下之公患也，特墨子之私忧过计也"（《荀子·富国》）。

国家富足，还是贫穷，民众是饥寒交迫，还是丰衣足食，关键在于国家治理。在于国家治理的方针、政策，不过"节用以礼""裕民以政""善藏其余"三策而已。用今天的话说，就是以政策为杠杆调动民众创造财富的积极性，这叫开源，合理地控制消费，这叫节流，搞好战略物资储备，这叫善藏，这三条之中，"裕民以政"最为关键。

等赋、政事、财万物，所以养万民也

王者之法，等赋、政事、财〔1〕万物，所以养万民也。田野什一，关市几〔2〕而不征，山林泽梁，以时禁发而不税。相地而衰政〔3〕。理道之远近而致贡。通流财物粟米，无有滞留，使相归移也，四海之内若一家。

——《荀子·王制》

注释

〔1〕财：通"裁"，裁断。

〔2〕几：稽查，查看。

〔3〕相地而衰政：相，视、考察；衰，差等；征，征取。意思就是说，按照土地肥瘠的不同，征收不等额的租税。

译文

王道的法度：制定赋税等级，处理国家事务，裁断万物，这是用来养育亿万民众的。对于农田，按收入的十分之一征税；对于关卡和集市，进行检查而不征税；对于山林湖堤，按时封闭和开放而不收税。考察土地的肥瘠来分别征税，区分道路的远近收取不同的贡品。使财物、粮米流通起来，没有滞留积压；不同地方互通有无来供给对方，四海之内就像一家人一样。

解析

国家是由人聚合而成的政治团体，人民、土地、军队、政事、

民惟邦本　本固邦宁

217

税赋等一样也不可缺，否则国将不国。然而，土地也好，军队也罢，管他什么政事、税收、山梁湖泊等，都是为人民服务的。有人斯有土，有土斯有财，有财斯有用，没有人，一切都无从谈起。国家设立的根本目的，在于"养万民也"。

如何"养万民"？荀子拿出了"王者之法"，"王者之法"就是理想的治国理政、养育万民的方案。在这个方案里，土地实行什一之税，关市几而不征，山林泽梁，以时禁发，货物互通有无，真正实现"四海之内若一家"。

任何政权欲实现长治久安，都要以民为本，落实"执政为民"的理念，以养育万民为目标。"养万民"就是满足人民最基本物质生活需求，当然，荀子还没有达到满足人民对美好生活的需求这一境界。

民之所以生活，衣与食也

民之所以生活，衣与食也，事周〔1〕于衣食则有功，不周于衣食则无功，事无功德不长。故随时而不成，无更其刑，顺时而不成，无更其理，时将复起，是谓道纪〔2〕。帝王富其民，霸王富其地，危国富其吏，治国若不足，乱国若有余，存国困仓实，亡国困仓虚，故曰"上无事而民自富，上无为而民自化"。

——《文子·微明》

注释

〔1〕周：周全、周密。

〔2〕道纪：道的规律。

译文

民众之所以能生活，依赖于衣服与粮食，作为国君充分关注到百姓的衣食就会有功劳，对衣食关注不够，关注不周全就没有功劳，做事没有功劳德性就不会成长。跟随时代走而不成功，不要废除刑法；顺应时代而行而不成功，不要变更道理，到了时候道一定会呈现，这是道运动的规律。所以说一统天下的帝王治下的百姓富裕，称霸天下的国君一意扩充地盘，沦入危险境地的国家官吏富裕，治理好的国家总觉得自我治理有所不足，祸乱的国家则自我感觉良好，长存的国家有足够的粮食储备，行将灭亡的国家粮储不足，遇到灾荒就捉襟见肘，所以说，"君上不折腾民众自然会致富，君上不折腾，百姓自然会转化"。

民惟邦本　本固邦宁

|解析|

　　衣食是人最基本的生活需要，也是最基础的民生工程。《文子》指出，百姓是国家的根本，衣食是百姓的生命。一位国君治国有没有功效，关键看他对民生的关注、解决的程度。

　　国君是分品级的，有一统天下的帝王，有称霸天下的国君，也有使国家陷入险境的危邦之君，甚至有亡国之君。百姓富足可以"王天下"，扩张疆域可以霸诸侯，官吏富足而百姓贫穷，这样的国家就危险了，亡国之君，费用无度，仓廪日虚，君荒民疲，焉能不亡？如何才能让百姓富足？《文子》搬出了通过改造的《老子》无为而治的思想，即"上无事而民自富，上无为而民自化"。

粟者，民之所归也

不生粟之国亡，粟生而死者霸，粟生而不死者王。粟也者，民之所归也；粟也者，财之所归也；粟也者，地之所归也。粟多则天下之物尽至矣。

——《管子·治国》

译文

不生产粮食的国家会灭亡，生产粮食而吃光用尽的国家仅能称霸诸侯，生产粮食而又食用不尽的国家才可以成就一统天下大业。粮食，可使百姓的归附；粮食，能招进财富；粮食，能开拓疆域。粮食多了，天下的一切物产都来了。

解析

粮食是中国古代的经济命脉，是人赖以生存的生活资料，粮食生产关系到国计民生。没有粮食，不从事粮食生产，这样的国家无法立足；从事粮食生产而没有战略储备，这样的国家仅能称霸于一时，从事粮食生产而又有粮食战略储备的国家才可以一统天下。

西汉政论家贾谊曾说："夫积贮者，天下之大命也。苟粟多而财有余，何为而不成？以攻则取，以守则固，以战则胜。怀敌附远，何招而不至？"粮食在古代就是财富的代名词，有了粮食可以换取一切物品。"粟多则天下之物尽至矣。"

正是国以民为本，民以食为天，没有粮食，百姓四处寻食，有了粮食，百姓就会归附，粮食生产为治世之先务，立国之根本。

民惟邦本　本固邦宁

221

民之所以生者，衣食也

孔子曰：民之所以生者，衣食也。上不教民，民匮〔1〕其生，饥寒切于身，而不为非者寡矣。

——秦·孔鲋《孔丛子·刑论》

注释

〔1〕匮：缺乏。

译文

　　孔子说：民众之所以能够生存，依赖的是衣服与食物。执政者对百姓不进行教化，而百民生存资料匮乏，饥寒迫于肌肤，在这种情况下还不为非作歹的人是很少的。

解析

　　民生问题是任何执政者都无法回避的问题，衣食是一切人生存的基础与前提。

　　孟子曾言，无恒产而有恒心，只有接受过教育的士才能做得到。对于普通百姓而言，因无恒产而无恒心，"苟无恒心，放辟邪侈，无不为已"（《孟子·滕文公上》）。民生，是道德操守的保证，衣食匮乏而讲道德，对于没有接受过教化的百姓而言是不可能的事。

　　《孔丛子》记载的这段话是否为孔子所说，这里不做考证，但总体上讲，与《论语》记载孔子"富而后教"的主张并不冲突。这一思想告诫后人，在满足民众生活需求的前提下，加强对其教育是非常必要的。

民惟邦本　本固邦宁

教 以 化 民

子曰：夫孝，天之经也，地之义也，民之行也。天地之经，而民是则之〔1〕。……先王见教之可以化民也，是故先之以博爱，而民莫遗其亲。陈之以德义，而民兴行。先之以敬让，而民不争。道之〔2〕以礼乐，而民和睦。示之以好恶，而民知禁。

—— 《孝经》

注释

〔1〕则之：则，准则，则之即模仿它、效法它。

〔2〕道：通"导"，道之即引导它。

译文

孔子说：孝如天体一样运行，如大地那样宜于万物生长，是人的基本德行。天地基本规律，人都应效法它。……先王看到教育可以感化民众，所以他先对民众实施广博、普遍的爱，而民众没有遗弃父母的。向民众陈述道德、礼义，民众就会起而遵行；率先以恭敬、谦让示范民众，民众就会不争；用礼乐引导民众，民众就和睦相处。告诉民众喜好和厌恶所在，人民就知道禁令而不犯法了。

解析

《孝经》将孝普遍化、绝对化，上升到天经地义的高度，使孝由伦理范畴转化为哲学范畴，由代际行为上升到宇宙法则，所谓天之经，地之义，民之行也。

孝既是天地之道，作为天地创生的人，当效法天之经，地之义，力行孝道。孝与教密切相关，孝与文合在一起就是"教"，分开说教就是孝以文之，文之以孝，在古人看来，教首先是教民以孝，让受教者明白、弄通孝。

《孝经》指出，教的意义在于化民，而化民首先在于自化，而自化才能化民。作为执政者自己要以身作则，为民表率，对民众"施之以博爱"，"陈之以德义"，"先之以敬让"，"导之以礼乐"，"示之以好恶"，以感化民众，民众自然会起而力行。对民众教化之、示范之、开导之，自然会收到风行草偃的效果。

民惟邦本　本固邦宁

民，予则喜，夺则怒

夫民者信亲而死利，海内皆然。民，予则喜，夺则怒，民情皆然。先王知其然，故见予之形〔1〕，不见夺之理。

——《管子·国蓄》

注释

〔1〕形：形迹。

译文

民众一般亲近自己相信的人而死于利益，四海之内都这样。民众，给他恩惠就高兴，夺去他的东西就会愤怒，这是人之常情。先王知道这个道理，所以在给予人民利益时，让百姓看到给予恩惠的形迹，看不到夺取时的道理。

解析

这是从自然人性论的角度分析民众的心理。民众的心理，趋利避害，相信亲近自己的人，为保卫或捍卫自己的利益而牺牲，"予则喜，夺则怒"。得到就欢喜，剥夺就恼怒。《管子》认为，这是普遍的人性，也是所有人的心理。

当政者知道民众的心理，了解民众的个性，顺应民性对民众进行有效管理。作为社会的管理者，作为民众的长官，一定要了解民情，体贴民众心理，"见予之形，不见夺之理"。施恩于民众时，民众可以看得到，剥夺民众的利益，民众看不见。

这就告诉执政者，充分利用政策杠杆，善于调节各种矛盾与利益冲突，通民众，顺民心，使民众心情舒畅。

民惟邦本　本固邦宁

富国威强，必得之于民

夫欲富国强威，辟地〔1〕服远者，必得之于民；欲建功兴誉，垂名烈，流荣华者，必取之于身。故据万乘之国，持百姓之命，苞〔2〕山泽之饶，主士众之力，而功不存乎身，名不显于世者，乃统理之非也。

——《新语·至德》

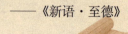

注释

〔1〕辟地：辟，开辟。辟地，开疆拓土。

〔2〕苞：通"包"。

译文

想国家富裕，军队强大，开疆拓土，征服远方的人，一定要得到百姓的拥护；想建功立业，扩大美名，垂名显赫，世代荣华的人，一定注意修身。所以拥有万辆战车的国君，手里掌握着百姓的性命，拥有广大山川湖泊，把控着广大士兵与百姓的力量，但自己没有建立功业，美名不显闻于世界上，这是因为统辖与治理的方式不当造成的。

解析

陆贾是秦汉之际著名的思想家、政论家。他经历秦汉之间农民战争，刻深地认识到人民在历史转折关头的巨大作用，著有《新语》，力倡儒家的诗书礼乐及仁义之道。

"夫欲富国强威，辟地服远者，必得之于民"，国家要想富足，军队要想强大，欲开疆拓土，征服远人，必须得到人民的支持，没有人民的拥护，一个国君将会一事无成。人民，也只有人民才是国家财富的创造者，疆域守护者和开拓者，这是对民惟邦本的较好诠释，或者是民惟邦本观念的具体化。

殷民阜财

君人者，务在殷民阜财〔1〕，明道信义〔2〕，致帝者之用，成天地之化，使粒食之民粲也，晏〔3〕也。

——《扬子法言·孝至卷第十三》

注释

〔1〕殷民阜财：殷，富足；阜，多、大。指百姓殷实，财物富足。

〔2〕信义："信"读为"伸"。

〔3〕晏：和柔。

译文

作为国君，一定努力使百姓殷实，财物富足，明白道理，伸张正义，满足祭祀上帝的供应，成就天地化育万物的意义，使中国之民粲然明盛，晏然安和。

解析

作为执政者，根本目的在于使百姓过上好生活，家给人足，人人幸福。百姓殷实，财物富足，是一切国君从事其他事业的基础。有了充足的物质财富，阐明道理，伸张大义于天下，才有了坚实的基础，才有可能满足祭祀天地鬼神的供应，使中国之民有自豪感、自信心。

扬雄要求国君以百姓之心为心，牢牢抓住养育百姓这一根本，尽到养育天下万民之责，这样就可以得到百姓万民的爱戴，天地鬼神的庇佑，实现对国家的有效治理。

　　总之，富民是基础。有了充足的物质财富，申明道义才有可能，"粒食之民"即国人大发光明，安然幸福，才有可能。

忧之劳之，教之诲之

是故明王之养民也，忧之劳之，教之诲之，慎微防萌，以断其邪。故《易》美"节〔1〕以制度，不伤财，不害民"；《七月诗》，大小教之，终而复始。由此观之，民固不可恣〔2〕也。

——《潜夫论·浮侈》

注释

〔1〕节：即《周易》六十四卦的节卦，节有节制的含义。

〔2〕恣：放纵，恣肆，任意。

译文

英明的国君养育万民，为他们忧虑，为他们劳碌，教化他们，开导他们，谨慎地对待百姓生活的每一点细节，防止任何不好苗头的出现，以断掉百姓的邪恶念头。所以《周易》赞美："用制度节制自己的行为，不浪费资财，不损害百姓的利益。"《诗经·豳风·七月》农耕的大事小事，都有教导，自春至冬，周而复始。由此看来，百姓本来就不能放肆啊。

解析

作为英明的领导人，治理国家，养育百姓是一副重担，更是自己的天职，终日"忧之劳之，教之诲之，慎微防萌，以断其邪"。忧民之忧，劳民之劳，教民诲民，这是一位英明国君必须尽到的责任。

作为国君要懂得《周易·节卦》的道理。节就是节制自己的行为、私欲，最好是"节以制度"。《节》的道理对国君而言，是一种自控能力。这种自控能力表现在社会治理上就是"不伤财，不害民"。对百姓而言，如同《诗经·豳风·七月》所描述的那么样，春夏秋冬，一年四季，大事小事都要去做，周而复始，年年如是，不肯稍息。对百姓而言，固然不可放纵自己。

孔子主张对百姓富而后教，王符认为，明君对百姓忧之劳之，教之诲之，不管百姓富与不富，教之诲之，是其责任。

富民为本，正学为基

凡为治之大体，莫善于抑末〔1〕而务本〔2〕，莫不善于离本而饰末。夫为国者以富民为本，以正学为基。民富乃可教，学正乃得义，民贫则背善，学淫则诈伪。入学则不乱，得义则忠孝。故明君之法，务此二者，以为成太平之基，致休征〔3〕之祥。

——东汉·王符《潜夫论·务本》

注释

〔1〕抑末：末指商，抑末就是抑制商业。

〔2〕务本：本指农，务本就是努力发展农业。

〔3〕休征：休，是美的意思，征就是征兆。

译文

一切治理国家的根本原则，没有比抑制商业而发展农业的方针更好的了，没有比脱离农业而追逐商业更不好的了。掌握国家政权的人以百姓富足作为立国根本，以正能量的教化作为根基。百姓富裕了，才可以教化，学习正能量才能获得道义，百姓贫穷就是违背善良，学习不该学的东西就是欺诈。进入学校学习就不会违背礼法，获得道义就会实践忠孝。所以英明的国君治国，一定要抓住这两条，以这两条成就天下太平的基础，达到吉祥的目的。

　　王符是东汉时期著名政论家、文学家。他认为国家治理的根本之道就是务农而抑商，农业是社会财富的根本，而商业是财富的末梢，如果失去农业这一根本而一味追求商业利润，最后会导致民穷财伤，百姓不可能富足。王符的这一观点是中国古老的思想传统，缺少新意。

　　但他继承孔子"富而后教"的治国理念，主张富民与教民两手抓。如果富民是物质文明，教化百姓就是精神文明或者说是道德教化，就是物质文明与精神文明一起抓。他提出了"为国者以富民为本，以正学为基"的命题，在中国政治思想史上占有十分重要的地位。富民就是重视物质财富尤其是农业生产，正学就是传播正能量，让百姓懂得道义，这个道义就是忠孝。王符一手抓富民，一抓道德建设的主张，直到今天对我们治国理政仍然有一定的借鉴意义。

民惟邦本　本固邦宁

慈俭之政，富庶之基

既庶而富，教化乃施。慈俭之政，富庶之基。鳏寡孤独〔1〕，人之所悲。发号施令，宜先及之。黄发鲐背〔2〕，心实多知。

——《宋史·陈彭年传》

注释

〔1〕鳏寡孤独："老而无妻曰鳏，老而无夫曰寡，老而无子曰独，幼而无父曰孤，此四者天下之穷民而无告者。"（《孟子·梁惠王下》）

〔2〕黄发鲐背：黄发，老年的头发由白转黄，鲐（tái）背，鲐鱼的背，鲐，一种背上有黑斑的鱼。

译文

百姓富裕了，就可以对他们施行教育。仁慈、勤俭的政策，是人民富庶的基础。鳏寡孤独的人，是所有的人都应怜悯、同情的。发出号召施实政令时，应当首先思虑他们。黄发鲐背的年长者，他们的内心实多智慧。

解析

在中国历史上，一直有多子多福的民族心理，中华民族具有强烈的繁衍观念，对一个人是这样，对一个民族同样是如此。在战争频仍、灾祸不断的古代中国，重视人口生产是一个民族得以延续的保证。人口已经很多，让百姓富裕起来，富而后教是孔子的教导。

从执政者角度，如何保证百姓繁衍且富裕呢？陈彭年提出"慈俭之政，庶富之基"，一是慈，一是俭。慈就是施恩于百姓，关心、体贴百姓，爱民惠民；二俭，俭就是节俭，不能铺张浪费，这里是要求执政者要节俭。统治者爱民，悯民，珍惜民众，民众才愿生，生而才能活，慈是庶即民众繁衍的前提，俭是富裕的前提。

陈彭年还指出统治者要关心、关注弱势群体。"鳏寡孤独，人之所悲"，对弱势群体要有慈悲之情，"发号施令，宜先及之"，即政策应首先想到他们且照顾到他们。同时重视老年群体，发挥他们的余热，"黄发鲐背，心实多知"，因为老年人有经验，有智慧，要充分利用其智慧为社会服务。

劝农桑，兴学校

今天下初定，所急者衣食，所重者教化。衣食给而民生遂〔1〕，教化行而习俗美。足衣食者在于劝农桑，明教化者在于兴学校。学校兴，则君子务德；农桑举，则小人务本。如是为治，则不劳而政举矣。

——《明太祖宝训》卷一

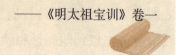

▏注释▏

〔1〕遂：称心如意、满足。

▏译文▏

现在天下刚刚安定，最急切的事情是吃饭穿衣，最重要的事情是教育。吃饭穿衣问题解决了，民众的生活就快乐了；教育办好了，风俗习惯就优美了。让百姓衣食充足的方法在于勉励百姓从事耕种与植桑，办好教育的方法在兴建学校。学校兴建了，那么君子就会努力追求德行修养；耕种与植桑兴盛起来了，百姓就努力从事农业生产。这样就称得上国家得到治理，那么国君不用劳倦，政治就兴旺了。

▏解析▏

朱元璋作为明代的开国之君，目光远大，深谋远虑。他清醒地认识到，对于刚刚诞生的新政权而言，首先是解决吃饭穿衣问题，即满足人们最基本的物质生活需要，其次是明教化，提高全民的道德水平与道德素质。

如何解决衣食问题？朱元璋想到的办法就是"劝农桑"。农就是耕种，解决百姓的吃饭问题，桑就是种桑养蚕，解决百姓的穿衣问题。当然，这劝农桑不是朱元璋的独创，是中国历史上多数政治人物反复强调的问题，但朱元璋认为"所急者衣食，所重者教化"，无疑是清醒的，也是非常现实的。

朱元璋非常重视教化，重视学校建设。他明确提出"治国以教化为先，教化以学校为本"（《明史·志第四十五·选举一》）的治国方略，采取了一系列教化措施，对中国教育与教化的发展产生了重要影响。劝农桑，兴教化，用今天的话说，就是一手抓物质文明建设，一手抓精神文明建设。

保国之道　藏富于民

保国〔1〕之道，藏富于民。民富则亲，民贫则离。民之贫富，国家休戚系焉。

——《明太祖实录》

注释

〔1〕保国：保住国家政权。

译文

保住国家政权的方法，就是将财富藏于百姓之中。百姓富裕就会亲近，百姓贫穷就会离散。百姓的富裕还是贫穷，关系到国家的命运。

解析

朱元璋出身寒微，深知民众疾苦，经历元末兵荒战乱，一日三餐不饱的日子，深知财富对百姓、对国家的重要性。国之本在民，民之命在谷，谷在古代中国就是财富的重要体现。

朱元璋认为，保住政权的方法，就是让百姓富起来，作为国君不能刻薄天下百姓，以满足于一己之私欲享乐。藏富于民，是保国之道。因为百姓富裕了，就会亲近执政者，百姓贫穷了，天下离散，国家政权也就消亡了。

爱养百姓之道

人君爱养斯民之道〔1〕有三：一曰制恒产，二曰裕民力，三曰修荒政。修荒政之术，以发仓廪〔2〕，节食用为先，然而一时之权耳。若民力已裕，则民自有余而无待上之赈救。至于制恒产，而因使有恒心，则民力已裕之后，方可徐定其规画，规画定则王业成，人顺于下，天佑于上，绥〔3〕万邦而屡丰年，效必有至者。

——《船山全书·四书训义》卷二十五《孟子一》

注释

〔1〕道：方法。

〔2〕仓廪：廪（lǐn），储藏粮食的仓库。

〔3〕绥：安抚，使平定。

译文

国君爱护与养育民众的方法有三个：一是制定百姓不动产（计口授田，人人有土地），二是涵养民力，三是制定赈济荒年灾民的办法。赈济灾民的措施，将打开官仓、节约粮食放在首位，但这是一时的权宜之计罢了。如果百姓有劳动能力、物质生产能力已经富足，那么百姓自己就有节余不需要政府救济。至于百姓有了土地，他们就会有固定的道德操守，要在百姓的物质生产能力已充足之后，才可以慢慢规划，规划制定好了王业就可以成功。人心顺应于下，苍天庇佑于上，安抚万国而年景常常丰收，效验一定能显现。

| 解析 |

中国传统帝王将相，封疆大吏，无论内心怎么想，但他们一般都会打出爱民、亲民、富民、裕民的口号，然而富民、裕民、爱民、亲民具体的施行，则言之不详或者只有口号，鲜有行动方案。王夫之这里的"爱养斯民"的三大原则或方法，是非常有意义的。

一是制恒产，二是裕民力，三是修荒政。修荒政是一时权宜之计，而制恒产也不急切，最为重要的是裕民力。裕民力就是涵养百姓的自救和他救的能力，如是百姓自救的能力已足，荒政不修而修。至于制民之产，涉及计口授田等复杂因素，他主张慢慢规划，徐徐为之。他响亮地喊出"王政以裕民为先务"。

王夫之主张"有其力者治其地"，裕民力目的在于治其地，涵养劳力，增加农业生产，创造更多的物质财富，这是富民、养民的基本保障。

第
七
篇

安 民

安民既是民本思想的目标，也是在民本的意义上执政者治理国家的政治智慧。「安民」观念首出《尚书·皋陶谟》，所谓「安民则惠，黎民怀之」。孔子传承了这一政治智慧，将其发展为「修己以安百姓」的君子理想和「博施于民而能济众」的仁者追求。如果说民本是从政道的意义上讲的，安民则是从治道上说的，中国历史上许许多多的政治家、思想家将「安民」「宁民」作为「为治之本」。民安而国治，国君若视人民如土芥，人民就不会珍视国君。忧民之忧者，民亦忧其忧，乐民之乐者，民亦乐其乐，执政者与民众上下一体。

德为善政，政在养民

禹曰："於！帝念哉！德惟善政，政在养民。水、火、金、木、土、谷，惟修；正德、利用、厚生，惟和。九功[1]惟叙，九叙[2]惟歌。戒之用休，董[3]之用威，劝之以九歌俾勿坏。"

—— 《尚书·大禹谟》

注释

[1] 九功：水、火、金、木、土、谷，称六府，正德、利用、厚生称为三事，六府三事合称九功。

[2] 九叙：九功有秩序称九叙。

[3] 董：监督。

译文

禹说："啊！帝要深念呀！帝最大的功德应当使政治美好，政治在于养民。水、火、金、木、土、谷，应当治理，正德、利用、厚生三件利民的事应当谐和。这九件事先后本末应当理顺，九事理顺了应当歌颂。又用休庆规劝人民，用威罚监督人民，用九歌勉励人民，人民就可以顺从而政事就不会败坏了。"

解析

这是出自《尚书·大禹谟》中一段经典。《大禹谟》真伪问题这里不去讨论。但这是中国古代重要思想资源，它对中国文化尤其是政治文化产生过重要影响。

民惟邦本　本固邦宁

　　"德惟善政，政在养民"，短短八个字，揭示了政治的实质。执政者的本质属性就是将国家治理好，否则就是德不配位，也不称职，因为这是古往今来一切执政者的功能与职责，而政治的目的不在于一己之享乐，一家之兴亡，而在于养民。养民最起码需要水、火、金、木、土、谷六种生活资料，做好正德、利用、厚生三件事情。"修六府""和三事"成为许多政治家、思想家的追求。当代著名哲学家牟宗三先生将"正德""利用""厚生"称之为儒家内圣外之道的直接源头。

修己以安百姓

子路问君子，子曰："修己以敬。"曰："如斯而已乎?"曰："修己以安人〔1〕。"曰："如斯而已乎?"曰："修己以安百姓。修己以安百姓，尧、舜其犹病诸〔2〕!"

——《论语·宪问》

注释

〔1〕安人：使人安乐。

〔2〕病诸：病，不足，毛病；诸，之于，意指在这个方面。

译文

子路问怎样做才是君子。孔子说："修养自己以达到恭敬、严肃的状态。"子路说："像这样就可以了吗?"孔子说："修养自己并且使他人安乐。"子路又问："像这样就可以了吗?"孔子说："修养自己并且使百姓安乐。修养自己，使百姓都安乐，尧、舜在这个方面也有所不足啊!"

解析

"修己以安百姓"是孔子思想的实质，也是历代儒家人物的追求。

"修己以敬"是从事一切工作的基础，要做事，先做人；要做人，先修身。修身就是修己。以敬，就是以至于敬，即达到敬的状态。敬就是严肃、恭敬、庄重、认真。

民惟邦本　本固邦宁

　　"修己以安人"是在敬的基础上的进一步深化、外展与开拓。儒家的学问是积极入世的学问，学问的目的在于使人安。安即安适、惬意、安乐、幸福。修己以敬只是自己安，安人就是让人过上好日子。

　　"修己以安百姓"是儒家内圣外王的圆满实现。君子既有德，也有位，就可以将其人生价值最大化，修己由安身边的人，与自己相关的人，以至于安天下百姓。这是人生的圆满，是没有缺憾的人生。在这方面"尧舜其犹病诸"。尧舜之病就在于没有安顿好天下苍生的生活，没有完美地解决民生问题。

博施济众

子贡曰："如有博施于民而能济众，何如？可谓仁乎？"子曰："何事于仁？必也圣乎！尧舜其犹病诸。夫仁者，己欲立而立人，己欲达而达人。能近取譬〔1〕，可谓仁之方也已。"

—— 《论语·雍也》

注释

〔1〕能近取譬：能够从切身的生活中选取例子作为说明。如以人的身体上打比方，最能说明问题，血脉不畅身体就会麻木，麻木不仁，仁就是通。最高的通是人与人之间心意相通，将心比心，推己及人。

译文

子贡说："如果有人能广泛地施恩惠于百姓而又能救济大众，怎么样呢？可以称得上仁人吗？"孔子说："何止于仁呢？那一定是圣人了吧！尧舜在这方面还有所不足呢！仁人，自己想站得住也要使别人也能站得住，自己处事通达无碍要使别人也通达无碍。能从自己的身上作比喻（将心比心，推己及人），这可称为找到实行仁道的办法了。"

解析

博施济众就是给人民，给天下大众苍生带来实实在在的好处、利益、恩惠。这个恩惠不是惠自己，也不是惠少数人，而是惠及大众苍生，惠及天下人，此项事业在儒家思想里称为外王，博施济众可谓外王之极致。

　　在孔子看来，践行仁、实现仁，成为仁人，人人能为，人人可为，是为不为的问题，不是能不能的问题。仁人不过是"己欲立而立人，己欲达而达人"而已，认真体察，深入考究，自己身上就体现着仁，生活上无处没有仁啊。麻木就不仁，不麻木而通畅就是仁，人与人之间，心意相通就是仁。

　　然而，博施济众就不同，不是为不为的问题，而是能不能的问题。即使尧、舜那样的圣王也会感叹在这方面做得不足啊。显然，无论尧，还是舜，面对洪水滔天，生民疾苦，一时会感到无能为力，心存遗憾！"如有博施于民而能济众"，孔子评价："何事于仁？必也圣乎！"这是孔子的民本思想，不是空谈，而是落实到为天下苍生谋幸福，为百姓大众谋利益！

苟可以利民，不循其礼

法者，所以爱民也；礼者，所以便事也。是以圣人苟可以强国，不法其故〔1〕；苟可以利民；不循其礼。

——《商君书·更法》

注释

〔1〕故：本义是指原因、事情，这里指旧的、过去的。

译文

法度，是为了爱护民众，礼仪规章是为了治国处事的便利。所以圣人只要能使国家强盛，就不必效法旧的法度；只要可以给民众带来好处，就不必遵循已有的礼仪规章。

解析

这是商鞅变法的理论根据与价值支撑。

商鞅变法的确有只讲求功利，不讲道义；只有法度，没有情意等一面，最终失败，以至于以自己设计的法逼得自己无路可走，只有走向死亡。但这并不能否认其变法的积极作用与历史功绩，也不能将商鞅变法讲得不仅祸一国，而且祸天下，不仅祸一时，而且祸万世。过分抬高商鞅变法的历史作用，固然不准确，而将其说得一无是处，也未尽合理。

法应以爱民为中心，礼应以利民为中心，这一理论过去有意义，今天也没有过时，未来也仍然不会过时。法的意义在于爱民，

民惟邦本　本固邦宁

251

而不是害民，礼的意义在于利民，而不是为了束民。社会在发展，历史在进步，没有一成不变的法，也没有千年不变的礼。孔子也强调夏礼、殷礼、周礼在因革损益中发展、变化，礼是与时推移、与时俱进的。问题是法怎样变，变的根据是什么？礼怎么迁，根据什么而迁？商鞅认为，爱民是法变化的根据，利民是礼变迁的根据，我们认为，这种以民为中心的礼法仍然有意义。

欲来民者，先起其利

民，利之则来，害之则去；民之从利也，如水之走下，于四方无择也。故欲来民者，先起其利，虽不召〔1〕而民自至；设其所恶，虽召之而民不来也，故曰：召远者，使无为焉。

——《管子·形势解》

注释

〔1〕召：招引、召唤。

译文

人民，有利则来，有害则去。人民趋利，就像水往下流一样，不管东西南北。所以，要招徕民众，先创造对他们有利的条件，虽然没有招徕而民众自己也会前去投奔。如果对他们有害，虽招而不来。所以说：招徕远方的民众，还是使用不招而招的办法好啊。

解析

如何吸引人才？《管子·形势解》这段话作了很好的回答。

国家以民为本，民即人，以民为本，说到底就是以人为本。在人口少而土地广阔的古代，人人都是人才。因为人人都是劳动力，都能创造物质财富，人人都是潜在兵员。吸引人们到自己的国土上去生活，这是古代的国君及其大臣的难事。

《管子》招引人才的办法就是利用人性好利而恶害的心理趋向招引人才。有利则来，有害则去，是人的共同的自然趋向。所以

"欲来民者，先起其利，虽不召而民自至"，吸引人才，召唤人民到自己的土地上生活，先创造吸引人才的有利条件。如果不仅无利，反而有害，谁也不会前来。

民亲而为用

人主者，温良宽厚则民爱之，整齐严庄则民畏之。故民爱之则亲，畏之则用。夫民亲而为用，王之所急[1]也。故曰："且怀且威，则君道备矣。"

——《管子·形势解》

注释

[1] 急：急切。

译文

作为国君，温良宽厚人民就会爱戴他，整齐庄严人民就会敬畏他。人民爱戴就同他亲近，人民敬畏就可以为他所用。人民亲近君主而又为君主所用，这是国君急切需要的。所以说："既让人民怀念，又让人民感到国君的威严，那么作为领导人的素质就完备了。"

解析

依中国尤其是儒家的政治传统，执政者是百姓的楷模，天下榜样，领导者个人的形象、修养、素质显得十分重要，荀子甚至说"闻修身，未闻为国"，修身是治国的基础，是治国的前提。

作为执政者，一方面是想受人民爱戴，另一方面是想让人民畏服，《管子》认为，"温良宽厚则民爱之，整齐严庄则民畏之"。既温良宽厚，又整齐严庄，人民对国君就会既亲之爱之，又敬之畏之，这样人民才能为国君所用，人民为国君所用，才能取众人之智，借助众人之力，成就国家的大业。

安民则民可用

人主能安其民，则事其主如事其父母。故主有忧则忧之，有难则死之。主视民如土，则民不为用，主有忧则不忧，有难则不死。故曰："莫乐之则莫哀之，莫生之则莫死之。"

—— 《管子·形势解》

译文

国君能使人民生活安定，人民事奉国君就会像事奉父母一样。所以，国君为人民而忧，人民也为他分忧，国家有难人民可以为国牺牲。如果国君视人民如粪土，人民则不会为他所用。国君有忧患百姓就不肯与他分担，国家有大难百姓不会为国捐躯。所以说："国君不能使人民安乐，人民也就不会为国君分忧；国君不能使人民生长繁衍，人民也不会为国君牺牲生命。"

解析

古代中国，百姓对于执政者的要求很低，不过让百姓过上安定的生活而已。如果这一要求实现了，百姓对待国君像对待父母一样。"安其民"说起来简单，真正做到并不简单。

《管子》认为，君与民的关系是相互的，国君想着人民，人民就会怀念国君，国君重视人民，人民就珍视国君，国君若视人民如粪土，人民就不会为其所用，更不会为国君送命。忧民之忧者，民亦忧其忧；乐民之乐者，民亦乐其乐，人民不听国君怎么说，关键看国君怎么做。

民惟邦本　本固邦宁

治国有常，利民为本

治国有常〔1〕，而利民为本，政教有经〔2〕，而令行为上。苟利于民，不必法古。

——《淮南子·氾论训》

注释

〔1〕常：不变、恒常。

〔2〕经：本义是指织布机上的纵线，这里指常道、原则。

译文

治理国家有不变的原则，就是以有利于人民为根本；政治教化有固定的法则，关键在于政令畅通无阻。如果对百姓有利，不一定效法古代的规章。

解析

治理天下根本法则，就是"利民"。治国法则千万条，但这是最关键、最根本的一条。中国是一个具有悠久历史文化传统的文明古国，经千年之演进，历代圣贤往哲积累了大量的治国理政的经验，有些经验甚至转化一切执政者必须遵循的金科玉律，《淮南子·氾论训》指出，所有的执政者的金科玉律必须服从"利民"这一根本原则，如果有些金科玉律与人民的利益发生冲突，或者不合乎利民这一原则，那么就不必信奉它。

自古以来，不少思想家追问：我们为什么要成立政府、建立政权？成立政府、建立政权的目的究竟是什么？不同文化背景、不同政治制度、不同政党有不同的回答。中国古代哲学家的回答是"利民"。"利民为本"是最根本的政治原则，也是执政的最大需求。以利民为本的执政理念直到今天还有现代价值，还值得世界上一切执政党深思。

保民，动之而和，绥之而安

盖保民〔1〕者，"陈之以德义"，"示之以好恶"〔2〕，观其失而制其宜，故动之而和，绥之而安。

——《汉书·匡衡传》

注释

〔1〕保民：养民、安民，保护人民。

〔2〕"陈之以德义"，"示之以好恶"：出自《孝经》第七章。

译文

大概爱护人民的人，"向民众陈述道德、仁义"，"向民众展示喜好和厌恶所在"，观察民众偏失而制定适合百姓的政策，因此，动员或调动百姓，百姓就会齐心协力，安抚百姓，百姓就会安宁。

解析

"保民"是中国政治思想的一种古老观念，周公就出"敬德保民"，《孟子》再三强调"保民而王"，敬德、保民、王天下三个观念联系在一起，成为一切大有为之君的政治抱负与理想。

匡衡，西汉时期著名的经学家、政治家，官至丞相，出仕之前就以苦学和精通《诗》而名满天下。他主张保民，而保民首在向百姓推荐《孝经》中的"陈之以德义"，"示之以好恶"。"陈之以德义"，说到底是向百姓亮明执政者的核心价值观，"示之以好恶"就是向百姓亮明执政者喜欢什么，反对什么。这样执政者调动百姓，与百姓思想保持一致，行动自然就会协调一致，这才是真正的保民。

为治之本，务在安民

　　故为治之本，务在安[1]民；安民之本，在于足用；足用之本，在于勿夺时[2]；勿夺时之本，在于省事；省事之本，在于节用；节用之本，在于反性[3]。

——《淮南子·言诠训》

注释

〔1〕宁：安定，平安。

〔2〕时：农时，如春种夏长，秋收冬藏。

〔3〕反性：反，通"返"，返回、恢复人的本性。

译文

　　所以治国的根本，一定在于安定民生；安定民生的根本，又在于使人民财物充足；财物充足的根本，在于不侵夺农时；不侵夺农时的根本，在于减少徭役；而减少徭役，在于人的节约费用；节约费用的根本，在于恢复人的天性。

解析

　　"治国之本，务在宁民"，这句话可谓抓住了治国的要害。"宁民"就是孔子所说"安民""安百姓"。国家安定，人民幸福；社会动荡不安，人民颠沛流离，生不如死，何谈生活幸福！民宁国安，才实现了国家的有效治理。

　　"宁民之本，在于足用；足用之本，在于勿夺时"，满足物质生活需求是人的第一需要。要让百姓过上安定的生活，就要有足够的财富，而财富从何而来？来自于农业生产。农业生产是一切财富之本，中国古代有了粮食可换一切物品，官员的俸禄同样是以粮食多少计算，如食二千石、六百石等。农业生产的保证是勿夺农时，即不要侵占百姓从事农业生产的时间，让百姓去挖池修墙服徭役，就无法创造社会财富。

不管什么时代，也不论东西万国，百姓安宁应是为政的第一目标。让百姓生活富裕起来，这是安民的第一要务。

民惟邦本　本固邦宁

因民之所喜而劝善，因民之所恶而禁奸

故圣人因〔1〕民之所喜而劝善，因民之所恶而禁奸。故赏
一人而天下誉之，罚一人而天下畏之。故至赏不费，至刑不
滥。

——《淮南子·氾论训》

注释

〔1〕因：依从、顺着、根据。

译文

所以圣人顺着人民的喜好而鼓励人民做善事，顺着人民的憎恶
而禁止奸邪之事。所以赏赐一个人而天下人都觉得光荣，惩罚一个
人而天下人都会有所畏惧。最恰当的奖赏不需要花费许多就可收到
鼓励的效果，最恰当的刑罚是不必滥施就可以制止犯罪。

解析

治国平天下，因为人的境界不同，执政的水平，常常表现出不
同的样式与形态。圣人治天下是治天下最理想的状态，也是治国平
天下的最恰当方式和最高境界。

圣人如何治天下？圣人顺着人性，因应人情而治天下，而不是
违背人性，逆着人情去治天下。其原则就是"因民之所喜而劝善，
因民之所恶而禁奸"。百姓有好恶，有利害，有情感，有欲求，根
据民众的喜好而鼓励百姓行善，依据民众的憎恶来禁止奸邪，这就
是从民所好，从民所欲，禁民所恶、所厌。根据这一原则去治国，

于是"赏一人而天下誉之，罚一人而天下畏之"。赏一人如同赏天下之人，惩罚一人而警醒天下之人，这是劝善与惩恶的最大效果与意义。

"因民之所喜而劝善，因民之所恶而禁奸"，说到底是顺民心的具体化，这一治理原则表现出中国古人高超的治国技巧与智慧。

德不施，则民不归；刑不缓，则百姓愁

晋平公春筑台，叔向曰："不可。古者圣王贵德而务施，缓刑辟〔1〕而趋民时；今春筑台，是夺民时也。夫德不施，则民不归；刑不缓，则百姓愁。使不归之民，役愁怨之百姓，而又夺其时，是重竭〔2〕也；夫牧百姓，养育之而重竭之，岂所以安命安存而称为人君于后世哉！"平公曰："善！"乃罢台役。

——西汉·刘向《说苑·贵德》

注释

〔1〕刑辟：刑律、刑法。

〔2〕重竭：医学指正气已虚，因误治再次耗伤正气，使之枯竭。这里指反复枯竭民力。

译文

晋平公春季要构筑台阁，叔向说："不可以。古时英明的国君看重德行而求施恩，宽缓刑律而努力追赶农时；而现在春季构筑台阁，是侵夺民众的农时。德政不施行，民众就不会归顺；不能宽缓刑律，百姓就忧愁。使役不归附的百姓，役使愁怨的人民，而且还侵夺他们的农时，是反复枯竭民力；管理百姓，一边说养育百姓，而另一边又反复枯竭民力，这哪里是百姓安身立命存续的办法，作为国君又怎能让后世称颂呢！"晋平公说："说得好！"于是取消了构筑台阁的劳役。

晋平公在春季构筑台阁,大夫叔向进行劝阻,最后晋平公听从叔向的意见,取消了春季构筑台阁的计划。

"古者圣王贵德而务施,缓刑辟而趋民时",这是总原则。农时在以农立国的古代社会是极其重要的时间节点,春种夏长,秋收冬藏,没有春种,夏长、秋收、冬藏就无从谈,人误地一时,地误人一年。"今春筑台,是夺民时也。"春季筑台,是严重侵夺农时。"夫德不施,则民不归;刑不缓,则百姓愁。"是这段文字的闪光点,也是中心与主题所在。

德政不施,百姓不会归附,刑律不宽缓,百姓愁怨,以不归之人民,愁怨之百姓,再夺农时,去筑台阁,去让国君享乐,这样国君怎能让百姓称颂?如何在历史上留名?作为执政者,只有"贵德而务施,缓刑辟而趋农时",才能赢得百姓归附,历史上留下英名。

民惟邦本　本固邦宁

治政之要，在于安民

窃闻致理之要，惟在于安民，安民之道，在察其疾苦而已。……然尚有一事为民病者，带征〔1〕钱粮是也。所谓带征者，将累年拖欠，搭配分数，与同见年钱粮，一并催征也。……况今考成法行，公私积贮〔2〕，颇有赢余，即蠲此积逋〔3〕，于国赋初无所损，而令膏泽洽乎黎庶，颂声溢于寰宇，民心固结，邦本辑宁，久安长治之道，计无便于此者，伏乞圣裁施行。

——明·张居正《请蠲积逋以安民生疏》

注释

〔1〕带征：中国古代财政政策名。应征之钱粮，凡因故而累年拖欠，即将拖欠总数匀为数份，分年与各该本年钱粮一同征收的，称为带征。

〔2〕公私积贮：国家、私人财富的积累和收藏。

〔3〕蠲此积逋：蠲（juān），除去，免除；积逋（bū），累积欠下的钱粮。

译文

我听说实现国家长治久安的关键，就在于使百姓安居乐业；而实现百姓安居乐业的方法，就要体察他们的疾苦。……然而，还有一件事让百姓感到不舒服的，就是带征钱粮。所谓带征，就是将累年拖欠的钱粮，分成若干数，与当年应交的钱粮，一起催促征收。……况且今年依据既有法规而行，国家与私人积蓄，有不少盈余，可以免除累年拖欠，对于国家的税赋没有什么损失，但可以恩泽普惠百姓，颂扬朝廷的声音可以充满宇宙，民心凝结，邦本辑宁，久安长治之道，计无便于此者，伏乞圣裁施行。

解析

万历十年（1582），张居正向明神宗上《请蠲积逋以安民生疏》，奏请在全国范围内停止带征钱粮，对于百姓积欠的部分不再追究。带征钱粮"将累年拖欠，搭配分数，与同见年钱粮，一并催征"，而百姓即使遇上丰年，收获的粮食也仅够交纳当年的钱粮；如遇上灾年，当年的钱粮也无法足额交纳，何论积逋？而征收钱粮的人为了向朝廷交差，"往往将见年所征那（nuó）作带征之数，名为完旧欠，实则减新收也"（《请蠲积逋以安民生疏》）。如此年复一年，百姓所欠的钱粮就越来越多，终将无法承受。张居正提出了具体的解决办法：只需交足当年应交之数，不再补交过往年份的积欠。这样既减轻了百姓的负担，亦减轻了连带而来的吏治弊病，并称"久安长治之道，计无便于此者"。

张居正在文化、教育、制度建设上存在失误，但作为内阁首辅大臣，其主政期间在经济上颇有作为，使明代经济颇有起色。

民惟邦本　本固邦宁

取而民不厌，役而民不苦

夫牧民〔1〕之道，除其所疾，适其所安，安而不扰，使而不劳，是以百姓劝业而乐公赋。若此，则君无赈〔2〕于民，民无利于上，上下相让而颂声作。故取而民不厌，役而民不苦。

——西汉·桓宽《盐铁论·未通》

注释

〔1〕牧民：治理人民。

〔2〕赈：救济。

译文

治理百姓的方法，是消除百姓的痛苦，让百姓安居乐业，且不受扰乱；役使他们，但不会过度疲劳，所以百姓就会努力耕作而乐意交纳赋税。如果这样，那么君主就没有必要救济百姓，百姓对君上也没有特殊的好处，下民与君上相互礼让，而颂扬君上的声音就会兴起。这样，征收赋税百姓不会厌恶，派遣徭役百姓不会痛苦不堪。

解析

治理民众，管理百姓是一门学问，更是一种艺术。这门学问是实实在在的学问，这种艺术是读民心的艺术。

执政者管理或治理民众，一定要摆正自己的位置，"除其所疾，适其所安"是应尽责任，"安而不扰，使而不劳"是为政者的本分。

因为国君将百姓放在心上，急百姓之所急，忧百姓之所忧，去百姓之所恶，一切以百姓的安适为考虑问题的方向，"是以百姓劝业而乐公赋"。

鱼相忘于江湖，人相忘于道术。国君心里有百姓，而没有自己，百姓心里有国家，而忘记自己，君与民两忘，君与民"上下相让而颂声作"，这是最理想的牧民之道。这样就可以实现"取而民不厌，役而民不苦"。

利民即利君

邾文公卜迁于绎，史〔1〕曰："利于民，而不利于君。"邾子曰："苟利于民，孤之利也！天生民而树之君，以利之也。民既利矣，孤必与〔2〕焉。"左右曰："命可长也，君何弗为？"邾子曰："命〔3〕在养民。死之短长，时也。民苟利矣，迁也，吉莫如之！"遂迁于绎。五月，邾文公卒。君子曰："知命。"

——《左传·文公十三年》

注释

〔1〕史：负责卜筮的史官。

〔2〕与：参与。

〔3〕命：天命，这里指国君的使命、天职。

译文

邾文公占卜将国都迁到峄山的吉凶，负责卜筮的官员说："（迁都于绎）对百姓有利，对国君不利。"邾文公说："如果对百姓有利，就是有利于我啊！上天降生众民而树立国君，为了利于天下百姓。百姓已有利了，我的利一定就在其中了。"左右大臣说："寿命可以延长，您为何不去干呢？"邾文公说："国君生命的意义在于养育百姓。生命周期的短长，不过时运而已。如果对于百姓有利，迁都，没有比这更吉祥的了！"于是迁都于绎。五月，邾文公死了。君子评价说："邾文公知道天命。"

邾文公是一位仁君，当迁都有利民而不利于国君，甚至会使国君早死时，他仍然选择迁都。他心里装着百姓，装着人民，而不计他个人生死存亡。他那句"苟利于民，孤之利也！"，掷地有声，可谓千古名言，值得一切执政者深思！

邾文公以百姓的利益为国君的利益，国君除了为百姓谋利益之外，没有任何个人私利，"天生民而树之君，以利之也"。君的存在、君的天职、君的使命就是有利于百姓，"民既利矣，孤必与焉"。既然对百姓有利，邾文公认为他的利益也在其中了。邾文公可谓明君矣。

左右劝他，不迁都，他个人生命可以延长时，他说："命在养民。"他的生命存在就是为养百姓，至于生生死死，不过时运罢了。"民苟利矣，迁也，吉莫如之。"如果对百姓有利，这是最大的吉祥！

教民以时，劝之耕织

天生四时，地生万财，以养万物，而无取焉；明主配天地者也，教民以时，劝之以耕织，以厚民养，而不伐其功，不私其利；故曰："能予而无取者，天地之配也。"

——《管子·形势解》

|译文|

苍天产生了春夏秋冬四季，大地产生各种各样的财物，以此养育万物而不求任何回报。英明的国君是与天地相匹配的。教育人民按时生产，鼓励人民耕作与纺织，以此来提高人民生活水平，而不会夸耀自己的功劳，不独享好处。所以说："能给予而不求回报的人，德行可以与天地相匹配。"

|解析|

英明的国君只要一心一意为人民谋幸福，做到无私、无欲、无求，其德就可以与天地相匹配，不仅是明君，可谓圣君矣。

《易传》有言："夫大人者，与天地合其德。"国君当然是大人，什么是天地之德呢？"天生四时，地生万财，以养万物，而无取焉。"天地生养万物，化育万物，而不求回报，只是生之养之，化之育之，以成就之，但不占有之，这就是天地之德。国君"教民以时，劝之以耕织，以厚民养，而不伐其功，不私其利"，这就是天地之德在人世间的体现，国君若如此，就是"与天地合其德"。这就告诉一切国君，成为英明的国君不难，与天地合德也不难，只要一心一意为人民谋幸福，忘掉自己的私利。

《管子》"教民以时，以厚民养"的思想当然是从国君的利益出发考虑百姓之利，但客观上对于减轻人民的负担，增加人民的福祉还是很有意义的。

足寒伤心，民寒伤国

天下国家一体也，君为元首，臣为股肱[1]，民为手足。下有忧民，则上不尽乐；下有饥民，则上不备膳；下有寒民，则上不具服。徒跣[2]而垂旒[3]，非礼也。故足寒伤心，民寒伤国。

——东汉·荀悦《申鉴·政体》

注释

〔1〕股肱：大腿和胳膊。

〔2〕徒跣：光脚。

〔3〕垂旒：古代帝王、贵族冠冕前后的装饰，以丝绳系玉串而成。

译文

天下国家是一个有机整体，国君是身体的头，大臣是大腿与胳膊，百姓是手和脚。社会下层有忧苦的百姓，社会的上层就不会快乐；社会下层有挨饿的百姓，社会上层就不储备美味佳肴；社会下层有受冻的百姓，上层就不会有充足的衣服。下面光着脚，上头却冠冕而垂玉，不合乎礼义。所以脚受寒就会伤害到心脏，百姓受了困苦那么就会伤害到国家。

解析

荀悦是东汉时期著名的政论家、哲学家。"足寒伤心，民寒伤国"是他在《申鉴》中提出的重要命题。

荀悦认为：天下国家一体也，君为元首，臣为股肱，民为手足。用人的身体作比喻，国君是头部，臣是大腿、胳膊，百姓为手足，认为君、臣、民是不可分割的相互配合的有机整体。作为一个整体，一寒俱寒，一饥俱饥，百姓饥寒，而国君、大臣吃饱穿暖，就像"跣足而垂旒"一样，滑稽可笑，下层百姓受苦，而上层人士享乐，是极不合理的。对于治国者来言，一定要明白足寒伤心、民寒伤国的道理，脚底受寒，就会伤及心脏；百姓困穷，自然会伤害到国本。国以民为本，故伤民即伤国本。

圣王养民，爱之如子，忧之如家

且夫国以民为基，贵以贱为本〔1〕。是以圣王养民，爱之如子，忧之如家。危者安之，亡者存之。救其灾患，除其祸乱。

——王符《潜夫论·救边》

注释

〔1〕贵以贱为本：原出《老子·第三十九章》，"贵以贱为本，高以下为基。是以侯王自谓孤、寡、不谷"。意思是说高贵以低贱为根本，高上以低下为基础。所以侯王自称孤、寡、不谷。

译文

而且国家以百姓为基础，高贵以低贱为根本。所以圣王养育百姓，爱护百姓像子女一样，忧虑百姓像忧虑自己的家庭一样。陷入危险就使他们安全，行将死亡的家庭就使他们延续下去。拯救他们的灾患，除去他们的祸乱。

解析

"国以民为基，贵以贱为本"，这是中国民本思想共许的观念。没有人民，没有底层百姓，国家就无法成立，所谓高贵者也就无法高贵。人民，只有人民，才是国家的基础。

如何对待人民，如何对待下层百姓，实际是如何对待国之基、官之本的问题。王符主张对待百姓，"爱之如子，忧之如家"，这样才能成为百姓的父母官。"爱之如子，忧之如家"如何？"危者安之，亡者存之。"对陷入危险、危急的百姓，使他们安全、平安，使行将消亡的家庭延续下去，不至于断了香火。一句话，关心百姓，体贴人民，就要为人民、百姓"救其灾患，除其祸乱"，解决百姓实实在在问题与困难，除去百姓痛苦。

安民之术，在于丰财

帝王之道，莫尚〔1〕乎安民；安民之术，在于丰财。丰财者，务本而节用也。

——《三国志·魏书·杜恕传》

注释

〔1〕尚：通"上"。

译文

帝王治理国家的原则，没有比安定百姓更崇高的事情了；使百姓安定的方法，在于使得国家财物丰富。国家财物丰富，要致力于农业的发展和节约国家支出。

解析

杜恕，三国时期曹魏大臣，尚书仆射杜畿之子。曾在朝任散骑黄门侍郎，后又任弘农太守、河东太守等职。杜恕作为一名正直的官员，十分重视民生。他针对三国时期穷兵黩武、民不聊生的现实，上书魏文帝，要求曹魏回归治理国家的根本上去，去安抚百姓。而安抚百姓，就要使国家财物丰富，使国家财物丰富不外乎务本与节用两途。本就是农业生产，务本就是努力发展农业生产，节用就是国家节约开支，发展农业就可以广开财源，节约支出就是控制支出即节流。

杜恕当时的情况完全不是这样，"农桑之民，竞干戈之业，不可谓务本。帑藏岁虚而制度岁广，民力岁衰而赋役岁兴，不可谓节用。"（见《杜恕传》）耕田养桑的人用来打仗，这怎能称得上务本，国库每岁亏虚而支出项目却每年增加，这怎能叫节用？因而他主张有些地方专心军功，有些地方努力农桑，这样才能取得战与守的平衡。应当说杜恕的主张在当时可行的，也有较强的针对性。

为政先劳，贻百姓以安

古之为政者，身任其劳，而贻〔1〕百姓以安。今之为政者，身享其安，而贻百姓以劳。己劳则民逸，己逸则民劳，此必然之理也。惮一己之劳，而使阖境之民不靖〔2〕，仁人君子其忍尔乎？昔子路问政，而圣人告以"先之劳之，无倦"〔3〕。呜呼！此真万世为政之格言也欤！

——张养浩《三事忠告·牧民忠告·宣化第五》

注释

〔1〕贻：赠送，遗留。

〔2〕靖：平安。

〔3〕"先之劳之，无倦"：出自《论语·子路》："子路问政。子曰：'先之，劳之。'请益，曰：'无倦。'"

译文

古代从政的人，自己承受劳倦，而留给百姓平安。现在从政的人，自己享受安乐，而将劳累转嫁给百姓。自己疲劳百姓就会安逸，自己安逸百姓就会疲劳，这是必然的道理。害怕自己一人的劳倦而使全境的百姓不安宁，仁人君子能忍心这样做吗？从前子路向孔子问如何从政，而圣人告诉他：自己要身体力行，起到带头作用，再劳动百姓，而且永不懈怠。啊，这真是万世从政者的至理名言呀！

解析

张养浩是一位极为同情民间疾苦的散曲家，他从政多年，深知官与民的关系。执政者辛苦，则百姓安逸；执政者惰怠，则百姓辛劳。一将无能，累死三军，说的就是这个道理。为政者懒惰，不跑基层，不了解民情，乱下指示，瞎指挥，百姓疲于奔命，却劳而无功；相反，为政者勤奋，常跑基层，深入了解民情，政策制定合乎实际，执行政策方法得当，调度百姓有力，则百姓劳而有功。

张养浩告诉一切地方行政大员，"身任其劳，而贻百姓以安"，自己的辛劳可以换一方百姓的平安。作为执政者，自己身先于百姓，为民表率，勤劳于政事，百姓自然会看在眼里，会带动百姓勤劳。何况，以一己之劳，换回全境百姓的平安，这是执政者应为能为之事。孔子的先之劳之，无倦，是一切从政者应该永远铭记于心的至理名言。

作为从政者应有"一人死而万人寿，一人痛而万人愈，一人忧而万人乐，一人劳而万人逸"（庄元臣《叔苴子·内篇》）的气魄与担当。

法天厚民生

法天之大者，莫过于厚民生，则赋敛宜缓宜轻。今者宿逋见征及来岁预征〔1〕，节节追呼，闾阎困敝……吸膏吮脂之辈，接迹于天下矣。愿体上天好生之心，首除新饷，并严饬官方，则祈天永命之又一道也。

—— 《明史·刘宗周传》

注释

〔1〕预征：先期征服赋税。

译文

效法天道最重要的事情，没有比重视民众的生活更重要的了，而对于赋税应缓征和少征。现在是久欠的债务立即征收和将第二年预先征收，时时追讨，百姓困艰和疲敝，……残酷压榨与剥削百姓的官吏，天下到处都有。愿皇上体贴上天好生之心，首先废除百姓新增的负担，并严整官吏，是祈求上天保佑皇命永续的又一个方法。

解析

按照中国传统的君权神授理论，英明的国君，作为天子是代天理政，应充分体贴上天之心，以天心为己心，天心即好生而恶杀，关心百姓，厚爱苍生，是作为天子应尽责任。效法天道，担当天命，践行天德，就要"厚民生"。厚民生就是关心民众生活，给百姓带来实实在在的好处与恩惠。

　　然而，明朝末年，灾害频发，民不聊生，苛捐杂税，多如牛毛，民众苦不堪言。刘宗周建议崇祯皇帝缓征赋税，减轻赋税，去掉新增赋税。这些建议对于减轻百姓的负担，当然是有益的，但已经无法挽回大明走向崩溃的局面了。

　　不过，刘宗周法天以厚民的主张，在中国民本思想的发展史上还是有意义的。

不计国利，而必计利民

国之利不宜计也，而必计利民。利民者，非一切之法所可据为典要〔1〕，惟其时而已。

——王夫之《读通鉴论·明德宗》

注释

〔1〕典要：不变的标准，可靠的根据、典则。

译文

国家的利益不应该过分计较，但一定计较百姓的利益。有利于百姓，不是一切法度都可以成为一成不变的标准，只有与时俱进罢了。

解析

国家存在的目的是养育百姓，而不是供一人、一家或某一利益集团所享乐，国君作为执政者"利为民所谋"，所以王夫之指出，"国之利不宜计也，而必计利民"，国家利益的不必计较，也不应计较，但一定要想好如何利民即怎样才能有利于百姓。王夫之的这一思想是相当先进的。他看到国之利与民之利之间的矛盾、对立，但当国利与民利发生矛盾时，他义无反顾地主张国之利应让位于民之利。

怎样利民？有现成的经验、法度可循吗？王夫之认为"利民者，非一切之法所可据为典要，惟其时而已"。利民从来没有一成不变的法律条文，也不存在一成不变的经典案例，惟时而已，时移而法亦移。他举例说，唐之初制，租出谷，庸出绢，调出缯、纩、布，其后两税法行，缯、纩、布改令纳钱，有唐一代，税法一直在变。但一切变，应万变不离其宗，即以利民为上。

王夫之是利民至上主义者，民利高于国利的主张，在古代中国是很有意义的。当然民利即国利、民不利则祸国，这是千古定律。

国无民，岂有四政

国无民，岂有四政〔1〕？封疆，民固之；府库，民充之；朝廷，民尊之；官职，民养之。奈何见政不见民也？尧曰："四海困穷，天禄永终"。每诵斯言，心堕体战，为民上者，奈何忽之！

——唐甄《潜书·明鉴》

注释

〔1〕四政：即指封疆、府库、朝廷、官职四事。

译文

国家要是没有民众，哪里会有四种政事呢！疆土靠民众来巩固，国库靠民众来充实，朝廷靠民众来尊重，官府靠民众来供养，为什么只看见政事而看不到民众呢！尧说："四海困苦与贫穷了，天命也就结束了。"每当读到这句话，就会心惊肉跳，作为统治者，怎能忽视呢？

解析

唐甄是重要的启蒙思想家，对传统的民本思想有独到见解。许多思想家认识到，国以民为本，但何以国以民为本？言之不详。

唐甄明确回答了民何以是国之本或者说民何以为国之基的问题。封疆、府库、朝廷、官职是国家政权存在的四大要件，这四者缺一都会国将不国，而这四个方面都是人民支撑起来的，没有人民这四大要件无一可成。因为"封疆，民固之；府库，民充之；朝廷，民尊之；官职，民养之"。在国家的权力结构中没有一项不是人民支撑起来的，没有人民国何以为国？他反问执政者："奈何见政不见民也？"

作为执政者决不可以轻忽人民，重视人民关键是富民。他曾指出，为治者不以富民为政，而欲幸致太平，南辕北辙，决不能达到目标。对于执政者来说，"四海困穷，天禄永终"，民是国家存在的前提，富民是执政合法性的基本保证。

人官一方，必为民出力

　　人官一方，则受一方之寄，必为民出力，自强不已，而后不为民病。若好逸怀安，案牍冗塌〔1〕，则宅门以外守候而待命者不知凡几矣。

　　　　　　　　　　　　——袁守定《图民录·勤》

▌注释▌

　　〔1〕案牍冗塌：案，几案，指书桌或办公桌；牍，古代用于写字的木片，指公文；冗，闲散，这里指多；塌，掉下来。案牍冗塌指办公桌上公文、各种文件多得要掉下来。

▌译文▌

　　主政一个地方，就受一方百姓的寄托，一定要为百姓办事，自强不息，这样才不会让百姓困扰。如果好逸恶劳，只想着个人的安适，待办的公文堆积如山，那么官府大门外等候的百姓不知有多少了。

▌解析▌

　　袁守定，清代学者、官员，出身贫苦，深知民间疾苦。为官多年，建义学，兴教化，勤政为民，清廉自守，有"袁青天"之美誉。

　　为官一任，受一方所托，当造福一方面百姓。当官理政"必为民出力，自强不已，而后不为民病"。袁守定坚决反对惰政，力主勤政，在他看来，勤政就是爱民，惰政就会病民，爱民是勤政的动力。他举例说，有位叫张子韶的官员说，"此身苟一日之闲，百姓罹无涯之苦，窃谓一刻偷安，百姓受一刻之累，何待一日也"（《图民录·勤》）。张氏将这几句题在墙上，天天看，视为座右铭。

　　勤政说到底是心里有百姓，而不是为了政绩，更不是为了出政绩。造福百姓是为官一方的真正目的，为人民服务是唯一宗旨，任何抱有其他想法或者别有所图，都不纯粹。

责任编辑：赵圣涛

版式设计：顾杰珍

图书在版编目（CIP）数据

民惟邦本　本固邦宁／颜炳罡 编著 . —北京：人民出版社，2022.5

（典亮世界丛书）

ISBN 978－7－01－024051－0

I. ①民…　II. ①颜…　III. ①民本思想－中国－通俗读物　IV. ① D092-49

中国版本图书馆 CIP 数据核字（2021）第 258744 号

民惟邦本　本固邦宁

MINWEIBANGBEN BENGUBANGNING

颜炳罡　编著

人民出版社 出版发行

（100706　北京市东城区隆福寺街 99 号）

北京中科印刷有限公司印刷　新华书店经销

2022 年 5 月第 1 版　2022 年 5 月北京第 1 次印刷

开本：710 毫米 ×1000 毫米 1/16　印张：18.75

字数：260 千字

ISBN 978　7－01－024051－0　定价·79.00 元

邮购地址 100706　北京市东城区隆福寺街 99 号

人民东方图书销售中心　电话（010）65250042　65289539